LE

GÉNÉRAL DROUOT

—

4ᵉ SÉRIE IN-12

Le jeune homme résolvait des problèmes que n'osaient aborder les autres candidats. (P. 13.)

LE
GÉNÉRAL DROUOT

PAR

LE GÉNÉRAL AMBERT

HUITIÈME ÉDITION

TOURS

ALFRED MAME ET FILS, ÉDITEURS

M DCCC XCIII

LE
GÉNÉRAL DROUOT

Le 11 janvier 1774, la joie régnait dans une modeste maison située rue Saint-Thiébaut, au faubourg de la ville de Nancy. Un enfant venait de naître. Le père, pauvre boulanger, distribuait son pain aux malheureux réunis devant sa porte; il fêtait par la charité la venue de son enfant.

Jamais on ne vit plus honnête famille que celle de ce boulanger, nommé Drouot. La mère était une pieuse ménagère qui eut la gloire d'élever douze enfants. Le père travaillait jour et nuit pour gagner péniblement la vie de sa famille. Dans cette maison régnait un ordre admirable, une joie douce, et par-dessus tout un sentiment religieux, qui enveloppait, pour ainsi dire, les enfants dès le berceau.

Le nouveau-né du boulanger Drouot reçut le nom d'Antoine.

Sa première enfance s'écoula dans l'obscurité de la maison paternelle. Malgré leurs occupations incessantes, le père et la mère ne perdaient pas de vue l'éducation des enfants. Le père avait coutume de dire qu'il en voulait faire de bons chrétiens et de braves serviteurs.

Antoine n'était encore qu'un petit enfant lorsqu'il se fit remarquer par son goût pour le travail. Son ardeur dépassait ses forces, et le père dut lui enlever des mains tantôt un instrument de boulangerie, tantôt un livre d'étude.

Admis à l'école des frères, Antoine y fit de rapides progrès. Le supérieur de l'école des frères, frappé de l'intelligence de l'enfant, de ses aptitudes pour les sciences, de son esprit sérieux, crut devoir conseiller au boulanger de ne pas contrarier les goûts de son fils.

Celui-ci entra donc au collège de Nancy comme externe. L'examen qu'il passa lui valut la faveur d'une bourse, sollicitée par le supérieur des frères des Écoles chrétiennes.

Pendant les longues soirées d'hiver et le matin avant le jour, on voyait l'écolier assis sur un banc de bois près du four où son père cuisait le pain. La flamme éclairait l'enfant, sourd à toutes les distractions. Dans son activité, le père allait, venait, alimentant le four et enlevant les pains. Immobile, les yeux fixés sur son livre, le fils étudiait. Il y a quelques années, un vieillard de Nancy, plus qu'octogénaire, nous racontait que le père passant près du fils pendant ces rudes veillées, disait : « Courage, Antoine, tu auras plus de mal que moi ; ta part de peine sera grande. »

La mère venait parfois gronder l'enfant trop travailleur. « Va te reposer, mon pauvre Antoine, » disait-elle.

Les progrès du jeune homme furent prodigieux. Un professeur de mathématiques d'une science remarquable donna des leçons particulières au jeune Drouot. Ce professeur, nommé Spitz, était encore à la fin de l'année 1847 inspecteur honoraire de l'académie. Il écrivit à cette époque une lettre qui renferme ces mots : « Après l'espace de deux ans, mon élève avait acquis la connaissance de toutes les parties des sciences mathématiques qui n'étaient enseignées que dans les écoles militaires supérieures ; aussi put-il subir un examen très rigoureux de M. de Laplace. » Cet examinateur, on le sait, est l'auteur du grand ouvrage sur la mécanique céleste ; il devint président du sénat, membre de l'Institut et pair de France.

Cependant la révolution envahissait la France, l'ennemi franchissait les frontières, et le gouvernement déclarait la patrie en danger. Le chef de la famille Drouot, ce modeste boulanger, aimait la France comme un bon chrétien qu'il était. Ses enfants remarquaient sa tristesse et la partageaient du fond du cœur, car dans cette maison tous comprenaient le patriotisme sans prononcer une parole. Antoine Drouot exprima le désir de partir pour l'armée. « Non, dit le père, il faut poursuivre les études commencées; nous verrons plus tard. »

Un frère d'Antoine, moins âgé que lui de deux ans, entra dans la boutique un sac de soldat à la main, et dit : « Mère, as-tu du linge? un conscrit se contente de peu. » La mère détourna la tête pour cacher une larme, le père tendit sa rude main à l'enfant, qui embrassa ses frères et partit pour la guerre. Le nouveau soldat était âgé de seize ans.

Dix jours après son arrivée à l'armée de Sambre-et-Meuse, l'enfant fut enlevé par un boulet de canon qui le frappa en pleine poitrine.

La douleur fut grande au logis. Antoine voulait partir; mais le père s'y opposa, car des examens se préparaient pour l'école d'artillerie de Châlons.

Un matin, Antoine Drouot s'éloigna de Nancy pour aller subir cette épreuve, dont il ignorait même les conditions. L'argent manquait à la maison, et le pauvre Antoine dut faire à pied la route de Nancy à Châlons. Vêtu fort simplement comme le fils d'un ouvrier, le bâton à la main, une légère besace de toile sur l'épaule, Antoine reçut la bénédiction de son père et de sa mère, et quitta ce foyer domestique où il avait puisé le germe de toutes les vertus.

Le voyage se fit sans accident. Le jeune écolier s'asseyait près d'une fontaine au bord du chemin, tirait un morceau de pain de sa besace et prenait son repas, toujours précédé et suivi d'une prière. Ce fut une coutume de toute sa vie, dans les palais aussi bien que dans les camps, à la table des rois comme dans la prison.

En arrivant à Châlons, quelque peu fatigué, couvert de poussière, les vêtements en désordre, il se rendit dans la grande salle des examens. Sur une estrade un peu élevée se trouvaient M. de Laplace et quelques professeurs renommés. Deux à trois cents jeunes gens, silencieux et attentifs, écoutaient fort émus les questions de l'examinateur et les réponses des candidats. Ces jeunes gens, vêtus avec recherche, ne cachaient pas leur admiration pour un certain nombre de camarades, qui d'avance portaient l'uniforme d'officiers. Une partie de la vaste salle était réservée aux parents, qui du regard encourageaient leurs enfants.

Antoine Drouot troubla le silence par le bruit de ses gros souliers ferrés. Intimidé par le spectacle qu'il avait sous les yeux, il s'arrêta près de la porte. « Que voulez-vous, mon petit ami? » dit avec bonté M. de Laplace. N'osant élever la voix, Antoine s'avança vers l'estrade, déposa son bâton de voyage et sa besace sur une marche et s'approcha des examinateurs. Les spectateurs n'entendirent point ce qu'il disait à M. de Laplace, mais celui-ci répondit à haute voix, et fort surpris : « Vous voulez donc subir l'examen ? »

Un immense éclat de rire retentit dans l'enceinte. Tout tremblant, le pauvre Antoine alla prendre place sur le banc le plus éloigné. Les regards moqueurs des jeunes gens l'y suivirent.

M. de Laplace lui dit tout à coup : « Quel est votre nom, mon ami ? Vous auriez dû vous faire inscrire d'avance. N'importe. Nous suivons la liste alphabétique, et nous n'en sommes qu'à la seconde lettre. »

L'enfant se leva et dit : « Je me nomme Antoine Drouot, et je suis de Nancy.

— Vous ne savez peut-être pas, ajouta M. de Laplace, que la promotion ne sera que de cinquante-deux élèves, tandis qu'il y a quatre cents concurrents ? »

Cette fois les sourires devinrent bruyants, et le malheureux Antoine n'osait lever les yeux.

Vers cinq heures du soir vint son tour de subir l'examen. Il a souvent raconté depuis qu'en aucune bataille son cœur n'avait battu de telle force. Il ajoutait que, tout en se dirigeant vers le tableau, une courte prière avait glissé de ses lèvres.

M. de Laplace commença par des questions

élémentaires, puis s'éleva peu à peu. Drouot, parfaitement calme, suivait la marche ascendante des examinateurs. Ils atteignirent bientôt les sommets des mathématiques spéciales. Drouot n'avait pas faibli un seul instant. Bientôt la surprise de M. de Laplace ne put être contenue. Le public partageait cette surprise. Un profond silence régnait dans l'enceinte, où le jeune homme résolvait les problèmes que n'osaient aborder les autres candidats.

Lorsque l'examen fut terminé, M. de Laplace, homme froid et fort avare d'éloges, se leva et dit à Antoine : « C'est très bien, très bien. » A ces mots des applaudissements éclatèrent de toutes parts, tant les bons sentiments sont naturels à la jeunesse.

Avons-nous besoin d'ajouter que Drouot fut reçu le premier de la promotion?

Bien longtemps après cette journée, M. de Laplace, qui avait été ministre, s'entretenait avec l'empereur Napoléon et lui disait : « Sire, l'un des plus beaux examens que j'aie vu passer dans ma vie est celui de votre aide de camp, le général Drouot[1]. »

Le lendemain, Antoine Drouot employa les premières heures du jour à remplir les formalités administratives, et ne put se remettre en

---

[1] *Éloge funèbre du général Drouot,* par le R. P. Lacordaire.

route que vers midi. Il allait à pied, un bon
pain dans sa besace et son bâton à la main,
jetant un regard curieux autour de lui. Il était
heureux d'un succès qui allait porter la joie au
pauvre foyer de la famille. Des jeunes gens,
candidats comme lui et témoins de son examen,
étaient réunis dans la salle basse de la principale hôtellerie et virent passer leur camarade le
paysan. Ils lui avaient donné ce titre, non comme
expression de dédain, mais, au contraire, par
une sorte d'admiration. Ces jeunes gens se pré-
cipitèrent au-devant du voyageur, l'entourèrent
en le félicitant, le placèrent sur un fauteuil et
le portèrent en triomphe avec des cris de joie.
Vainement voulut-il s'arracher à cette ovation,
on le promena dans la ville, on le fêta en le cou-
vrant de caresses. Braves enfants qui devinaient
que ce petit camarade, grossièrement vêtu, pauvre
et modeste, serait un jour l'une des gloires de
la France, un homme de Plutarque !

Parvenu à la vieillesse avant l'âge, privé de la
vue, affaibli par les maladies et les chagrins, le
général Drouot, qui avait traversé les grandeurs
humaines, aimait à rappeler son départ de Châlons pour Nancy et disait : « Ce fut un des plus
beaux jours de ma vie. »

Ceci se passait en 1793, année sinistre s'il
en fut.

II

Antoine Drouot avait dix-neuf ans lorsqu'il reçut l'ordre de se rendre à l'école de Châlons pour y suivre les cours. Mais, par exception, les dix premiers de la promotion, dont les examens avaient été remarquables, furent envoyés directement dans les régiments d'artillerie en qualité d'officiers.

Au commencement du mois de juillet, Drouot, nommé lieutenant en second au 1er régiment d'artillerie, se rendit à Metz, sa garnison.

Sa taille n'était pas élevée; son corps peu développé et son visage imberbe lui donnaient la physionomie d'un enfant; il en avait les timides allures et surtout la modestie. Son enfance s'était écoulée loin des jeux bruyants. Il entrait donc dans la jeunesse avec cette précieuse innocence, ces illusions généreuses, ces respects instinctifs, ce sentiment du devoir, qui font les hommes forts.

Réservé dans sa conversation, étranger à la politique, observateur discret, il ne fuyait pas la compagnie de ses compagnons, mais consacrait au travail la plus grande partie de son temps. Il avait entrepris l'étude de la tactique de l'artillerie, science toujours en progrès et d'autant plus difficile, qu'elle se lie intimement aux tactiques diverses des autres armes.

En peu de temps le jeune officier se fit aimer et estimer de tous. Ses camarades respectèrent son goût pour la solitude.

Le lieutenant Drouot était depuis deux mois au régiment, lorsqu'il eut à commander ses canonniers à la bataille de Hondschoote. C'était un beau début, car la journée a pris une grande place dans l'histoire de nos guerres. Le général en chef de l'armée française était Houchard, qui, deux mois après, devait périr sur l'échafaud révolutionnaire malgré son éclatante victoire.

L'armée anglo-hollandaise assiégeait Dunkerque, défendu par les Français. Deux sorties furent repoussées. On se prépara vigoureusement pour la troisième.

Le capitaine et le lieutenant en premier de Drouot étant absents, il avait le commandement de sa batterie. Abandonné à ses propres inspirations, maître du choix de sa position, le jeune officier, après avoir étudié le terrain d'un rapide coup d'œil, place si heureusement ses canons, qu'il emporte une redoute longtemps disputée, la victoire est décidée par ce glorieux fait d'armes; Drouot a chassé l'ennemi des hauteurs qui dominaient Dunkerque. Il le poursuit, l'empêche de

Bataille de Fléurus.

se reformer, et, malgré le représentant du peuple, ne s'arrête que maître du terrain. Les généraux Hoche, Moreau, Houchard, adressent à Drouot des éloges publics et bien mérités.

Plusieurs années après cette victoire, le général en chef Moreau se trouvant avec Macdonald et son état-major, la conversation fut amenée sur les guerres de la révolution et les actes de bravoure dont ces guerres avaient été l'occasion. Drouot était présent à cette conversation. Moreau dit à Macdonald : « J'ai vu des choses fort surprenantes; mais ce qui m'a le plus frappé, c'est une batterie placée dans une redoute par un enfant; et cet enfant, c'était le brave Drouot que vous voyez. »

Antoine Drouot n'avait été jusqu'à cette heure qu'un enfant timide et studieux. Sa véritable nature se révèle tout à coup, ou, pour mieux dire, il apparaît tel qu'il est, ferme, entreprenant et d'un courage incomparable. Dès ce moment une sorte de respect entoure cet enfant; les généraux ont les yeux sur lui, et ses canonniers l'admirent.

Le 22 février 1794, Drouot fut nommé lieutenant en premier. Le 26 juin de la même année, il combattait à Fleurus sous les ordres de Jourdan, qui remportait une victoire sur le prince de Cobourg.

Nous ne suivrons pas Drouot pas à pas pendant les années 1794 et 1795. Qu'il suffise de rappeler que le jeune lieutenant était toujours sur les champs de bataille.

Il fut nommé capitaine le 25 février 1796, à l'âge de vingt-deux ans. Ses compagnons de ce temps-là ont souvent parlé de ses débuts. Tous se plaisent à rappeler sa bonté, mais aussi sa sévérité. Il ne pardonnait pas la moindre atteinte à la discipline. Il la voulait pleine et entière. Il n'admettait pas les négligences dans la tenue, disant avec raison que la tenue fait partie de la discipline. Sa batterie était connue dans toute l'armée, et les généraux la donnaient pour modèle. Très bienveillant pour les soldats, il leur rendait justice, et ne souffrait pas qu'il fût porté atteinte à leurs droits. Le dernier couché et le premier debout, il présidait à tous les travaux. Sa bravoure était calme, froide, sans mise en scène, et, pour ainsi dire, religieuse. A ses yeux, combattre était l'accomplissement d'un devoir sacré.

Il conservait au milieu des camps le pieux souvenir du foyer domestique, écrivant à son père le travailleur, à sa bonne mère, qui lui avait enseigné la prière. Connaissant chacun de ses artilleurs, il les engageait à ne pas oublier leurs parents, et leur servait souvent de secrétaire.

Sa vie avait une teinte monacale. Il priait et travaillait à ciel ouvert, et sa frugalité eût défié un Spartiate. C'était un spectacle digne d'attention que celui de ce jeune capitaine, dans le tourbillon de la guerre, menant une existence qui nous semble sévère, et qui ne lui coûtait ni un calcul ni un effort. Toutes les choses lui étaient naturelles. Il lisait peu et n'emportait avec lui que l'*Imitation* et Vauvenargues. Plus tard, il augmenta sa bibliothèque, sans jamais attacher aux œuvres d'imagination plus d'importance qu'elles n'en méritent. Une page de Pascal le rendait rêveur des journées entières. Vers l'âge de trente ans, après une étude approfondie de Plutarque, il reprit les classiques et refit, comme il le disait, sa rhétorique. Mais ses goûts furent toujours plus scientifiques que littéraires.

A la fin de l'année 1796, le capitaine Drouot fut envoyé à Bayonne pour mettre la place en état de défense, avec le titre de directeur de l'artillerie. En procédant à l'examen des pièces, le capitaine fut victime d'un accident fort grave. Un canon qui contenait une charge de poudre s'enflamma, et les yeux de Drouot, atteints par la flamme, le plongèrent dans la plus profonde obscurité. Aveugle pendant plus de deux mois, le jeune officier recouvra la vue, mais imparfaitement. Lorsque, au mois de juillet 1833, une cécité complète vint frapper le général Drouot, il ne se fit pas illusion sur l'origine de ce malheur. Depuis 1797 jusqu'à sa mort, sa vue avait été d'une extrême délicatesse.

Au mois de décembre 1798, le capitaine Drouot fut appelé à l'armée de Naples. L'année suivante,

à la bataille de la Trebbia, Macdonald dut se retirer devant des forces supérieures. La bataille dura
trois jours, et l'artillerie tira plus de soixante-
dix mille coups de canon. Les munitions allaient
manquer. Les batteries pouvaient cependant
sauver l'armée en prenant d'habiles positions.
Drouot déploya dans cette circonstance une habileté, un sang-froid, une audace et en même
temps une prudence telle que Macdonald put
continuer sa retraite. Le rapport de la bataille
cite le capitaine Drouot comme ayant retardé
l'ennemi pendant quelques heures.

Macdonald voua dès lors à Drouot une amitié
dont il donna des témoignages dignes de ces
deux hommes de bien.

Employé à l'état-major de la place de Metz
en 1799, Drouot fut envoyé l'année suivante à
l'armée du Rhin. Il devint aide de camp du
général Éblé.

Le 3 décembre 1800, à Hohenlinden, le général en chef Moreau remarqua le capitaine Drouot.
Pendant l'armistice il remplit une importante
mission. Le remarquable rapport qu'il fit à cette
occasion est déposé aux archives de la guerre,
avec une flatteuse approbation de Monge et de
Berthollet.

Le général Éblé, que ses fonctions retenaient
à Paris, avait avec lui son aide de camp Drouot.
Le capitaine profita de ce séjour pour suivre
des cours publics, et particulièrement ceux de

Vauquelin, le grand chimiste, professeur à l'école de pharmacie, à l'école de médecine et au collège de France.

Une expédition se préparait à Toulon. Le général Lauriston demanda Drouot pour en faire partie. Celui-ci trouva l'occasion d'étudier les embarquements et les débarquements.

Ne voulant ignorer aucune des parties du service, Drouot se fit nommer capitaine d'habillement, en même temps que directeur du parc d'artillerie de la Fère. Un jour, le principal fournisseur des effets de petit équipement déposa la somme de six cents francs sur la table du capitaine, en le priant d'accepter cet argent comme indemnité de ses travaux. Drouot prit la somme, la déposa dans la caisse du corps, et dit au fournisseur : « Vous porterez six cents francs sur vos registres dans la colonne des acomptes reçus pour vos dernières livraisons. »

A la fin de 1804, Drouot se rendit à Nancy, qu'il n'avait pas revu depuis son entrée au service. Le père, dangereusement malade, avait exprimé le désir de revoir son fils. On fut alors témoin d'un spectacle touchant. Le jeune capitaine d'artillerie ne voulut partager avec personne le pieux devoir qu'il venait accomplir. Seul il donnait des soins au malade, veillait toutes les nuits, préparant les boissons, faisant le lit, et pendant les longues heures de l'insomnie lisant ou priant à haute voix. Lorsque vint l'agonie, le capitaine, cachant ses larmes, assistait le prêtre appelé près du mourant. Cette fin ne manqua pas de grandeur. Autour du lit de ce pauvre boulanger la nombreuse famille était groupée. La mère soutenait dans ses bras tremblants le chef de famille, dont la vie avait été une lutte continuelle. Le mourant promenait un long regard sur ses enfants, et malgré lui ses yeux s'arrêtaient sur Antoine, l'orgueil de la maison. Antoine était un brillant capitaine, un homme savant, et par-dessus tout un homme de bien, serviteur utile de son pays, et qui déjà avait sa part des gloires de la patrie.

De son côté, le capitaine Drouot, les yeux voilés de larmes, considérait ce père qui avait accompli son devoir suivant les lois divines. Pauvre, il avait travaillé pendant de longues nuits ; ignorant, il avait appelé l'instruction dans sa maison ; à tous, cet homme avait donné de bons exemples.

Près du chevet de cet ouvrier mourant, le fils promit à Dieu de n'être pas indigne de ce père.

Qu'on ne nous fasse pas admirer le peuple dans ses révoltes, qu'on ne place plus sous nos yeux les sinistres images de nos guerres civiles ; ces choses sont bien petites, si on les compare à l'heure dernière de l'ouvrier honnête homme, bon père de famille et chrétien fidèle à son Dieu.

Cette mort laissa dans l'âme d'Antoine Drouot une profonde blessure. Rentré à sa garnison, le capitaine ne retrouvait plus le même charme dans l'étude ; la solitude elle-même lui semblait lourde, et la douleur l'accablait.

Il écrivait à cette époque à un de ses camarades pour exprimer son chagrin de demeurer au dépôt, lorsque son régiment combattait. Sa lettre se termine par cette phrase : « On ne peut se figurer quelle peine cela me fait. »

Son cœur n'était donc pas détaché des choses de la terre? Non, certes. S'il en eût été ainsi, Drouot serait un saint, tandis qu'il n'est qu'un homme de bien, animé d'une grande vertu. Il a une mission à remplir, et, pour l'accomplissement de cette mission que Dieu lui confie, il faut à l'officier des reflets de passions généreuses. Aussi Drouot écrivait-il : « Je désire seulement avoir l'occasion de servir avec utilité et de rentrer à mon régiment avec quelque gloire. »

Il ne se préoccupe ni de son avancement ni de sa réputation, mais il veut *servir avec utilité* et acquérir quelque *gloire*.

On sait qu'à la fin de 1804 et au commencement de 1805, une expédition destinée à l'Amérique se préparait à Toulon. Drouot fut embarqué sur la frégate *l'Hortense*. Ce navire rencontra trois vaisseaux anglais à la hauteur du cap d'Alger ; un rude combat naval s'engagea, qui fit éprouver des pertes sensibles à *l'Hortense*. Drouot, qui commandait l'artillerie, trouva donc l'occasion d'acquérir quelque gloire.

L'escadre comprenait onze vaisseaux, six frégates et deux corvettes. L'*Hortense* captura dans les eaux de la Martinique la corvette anglaise *la Cyane*, de 28 canons et de 125 hommes d'équipage. Elle soutint, le 23 juillet, un rude combat contre l'amiral anglais Calder.

Après un embarquement d'un an, Drouot, qui avait constamment souffert, fut nommé chef de bataillon d'artillerie à pied. Il traversa toute l'Espagne, et vint passer les huit derniers jours de novembre à Nancy pour consoler sa mère.

Dans une des lettres de Drouot, écrite à cette époque, nous remarquons cette phrase : « La campagne, que j'ai toujours aimée, m'a paru infiniment plus belle qu'autrefois ; je ne pouvais pas me lasser de voir les arbres en fleur et les prairies couvertes de verdure. »

Cet amour des champs fut une des joies de Drouot. Dans son âge mûr, il allait seul dans la campagne, de gros souliers aux pieds, marchant au hasard, s'égarant, s'enfonçant dans les bois et s'arrêtant pour admirer les grands arceaux de verdure, écouter le murmure du ruisseau, ou respirer le parfum des moissons.

III

Après dix années passées dans le grade de capitaine, Drouot fut donc promu au grade de chef de bataillon dans le 4e d'artillerie, où le jeune Bonaparte avait été lieutenant en 1785.

Le nouvel officier supérieur reçut l'ordre de se rendre dans les manufactures d'armes. Il aurait préféré le service actif de la guerre, et ses lettres expriment de vifs regrets à ce sujet.

On éprouve une véritable surprise en voyant un homme jeune, qui a fait la guerre et prouvé sa supériorité dans le commandement, subir en quelque sorte l'oubli de ses chefs. Drouot se plaignait en disant que l'on trouverait cinquante officiers aussi capables qu'il pouvait l'être de remplir son emploi dans les manufactures.

Ceci mérite un moment d'attention.

Il est facile de subir l'influence d'un esprit supérieur, de mesurer l'étendue de l'instruction, de juger le degré de courage ; mais il est très difficile de comprendre la valeur d'un caractère.

Or la véritable supériorité de Drouot résidait dans son caractère, très ferme et très élevé.

Ses chefs admiraient sa science, donnaient des louanges à son courage, estimaient ses capacités; mais ils ne soupçonnaient même pas le caractère. A leurs yeux, Drouot était un excellent officier, mais non une exception. Ses notes brillantes ressemblaient à beaucoup d'autres. Il était si modeste, si éloigné des intrigues, si étranger aux sollicitations, que l'oubli venait tout naturellement.

Parmi les hommes, bien peu s'avisent du mérite d'autrui. Le regard ne va guère au delà des surfaces. Aussi pourrait-on citer les souverains, les ministres, les personnages éminents qui ont découvert dans l'ombre un génie inconnu.

Lorsqu'il était à la manufacture de Maubeuge, Drouot se rendait un matin dans une usine située dans la campage. Il était à cheval et lisait sans tenir les rênes. La monture s'abattit et roula sur son cavalier, dont un pied se trouva pris dans l'étrier. Le cheval se releva et partit au galop, entraînant Drouot, dont le corps labourait le terrain. Arrivé devant la porte de l'usine, le cheval s'arrêta, et les ouvriers emportèrent leur commandant, qui demeura longtemps sans connaissance. Il eût été tué si les basques de son habit, dont les poches étaient remplies de papier, n'eussent préservé la tête. Drouot fut pendant près d'un mois entre la vie et la mort.

Sa nomination de chef de bataillon était du 20 septembre 1805. Il fut nommé major (lieutenant-colonel) le 10 janvier 1807, et ne put quitter ses manufactures qu'au mois de février 1808. Il y avait éprouvé plus d'un déboire, mais il se consolait en pensant combien les ouvriers avaient pour lui d'estime et d'attachement.

Le major Drouot fut envoyé à l'armée d'Espagne, sous les ordres du général Lariboisière. Dans l'insurrection populaire qui éclata le 2 mai à Madrid, Drouot échappa miraculeusement à la mort. Plusieurs milliers de Français furent massacrés. Après la capitulation de Baylen, notre armée dut quitter la capitale, et opéra sa retraite le 1er août. Dans cette pénible retraite, le major Drouot dut conserver l'artillerie, les munitions et les parcs. Pour le récompenser de ses éminents services, le général Lariboisière le fit admettre dans la garde impériale. Des missions de la plus haute importance lui furent confiées.

L'empereur Napoléon, comprenant les périls qui menaçaient son armée d'Espagne, prit le parti de se rendre auprès d'elle. On combattait chaque jour. Drouot était aux affaires de Burgos et de Somo-Sierra. Le 2 décembre, Madrid fut attaqué par une vive canonnade dont le major Drouot dirigeait les batteries. Deux jours après la ville capitulait, et l'empereur faisait son entrée, le 4 décembre, avec le roi Joseph.

Drouot fut nommé colonel-major de l'artillerie à pied de la garde impériale le 18 décembre 1808.

Quelques jours après, il était à la poursuite de l'armée anglaise commandée par Moore. On lit, dans une lettre trouvée dans les papiers du général Evain, ce récit que lui faisait Drouot : « Notre marche a été extrêmement pénible. Dans les montagnes de Guadarrama, nous avons trouvé les neiges du Gothard et les tourmentes du mont Cenis. Dans la plaine nous avons eu des chemins affreux qui ont fait regretter les boues de la Pologne. L'artillerie surtout a eu beaucoup à souffrir ; mais nos maux seront bientôt oubliés, si nous avons le bonheur de joindre l'ennemi. »

L'empereur, se disposant à la campagne d'Autriche, reprit la route de France et donna à la garde l'ordre de le suivre.

L'artillerie, commandée par Drouot, traversa toute l'Espagne, entra dans Paris le 15 avril, en repartit le 17, s'arrêta à Strasbourg le 5 mai, à Ulm le 13, et se trouva le 31 sous les murs de Vienne.

Ce fut dans une revue à Schœnbrunn que le regard de Napoléon se fixa sur Drouot. Il avait remarqué ce chef de corps qui se tenait constamment à l'écart et qui travaillait mieux et plus que tout autre.

L'empereur examinait en détail le personnel et le matériel de l'artillerie à pied de la garde ; ses questions très précises recevaient de Drouot des réponses brèves, nettes et vraies. Puis le souverain, qui avait profondément étudié l'arme de l'artillerie, amena la conversation sur la tactique, et, se laissant entraîner par ce sujet, il en vint à la stratégie. Il parla de l'organisation des armes spéciales, et Drouot répondait toujours, jetant sur les questions une vive lumière. Surpris d'abord et bientôt ébloui, Napoléon fixa sur Drouot un profond regard, sans prononcer une parole, mais l'homme était jugé; l'empereur avait mesuré sa taille.

L'artillerie de la garde impériale se composait de deux régiments, l'un à pied, l'autre à cheval. Nous avons dit que Drouot commandait le premier de ces corps.

Le 3 juillet 1809, la bataille de Wagram se préparait. Les deux régiments se rendirent le 3 dans l'île de Lobau, bivouaquèrent le 4; et traversèrent le 5 le dernier bras du Danube. Parvenues dans la plaine d'Enzersdorf, quelques batteries commencèrent le feu contre l'armée autrichienne.

Le lendemain, à la pointe du jour, le soleil éclaira ce vaste pays qui allait être le théâtre de la bataille de Wagram. L'armée française, en prenant ses positions, vit partir au galop soixante pièces d'artillerie de la garde. Ces pièces se formèrent sur une seule ligne, en avant du centre. Le feu le plus formidable dura jusqu'à neuf heures du soir.

Nous ne rappellerons pas la bataille; qu'il nous suffise de dire qu'à un moment critique l'empereur s'élance au galop sur la ligne de bataille, et dit à haute voix : « Où est Drouot? Allons, les pièces de la garde! Drouot, écrasez les masses de l'ennemi, jetez dans les colonnes dix mille boulets! »

Drouot conserve son sang-froid et réunit cent pièces de canon. C'est une batterie gigantesque d'une demi-lieue de front. Le feu est épouvantable, l'air est frémissant, la terre tremble, et le ciel se voile sous les nuages de fumée. C'est la foudre avec ses éclairs et ses déchirements. Drouot descend de cheval, tire sa montre et dit : « Onze heures; nous avons le temps! »

Il va de pièce en pièce, encourageant les soldats, donnant ses ordres aux officiers, rectifiant le tir.

Un biscaïen le blesse au pied droit; il chancelle et tombe dans les bras d'un artilleur. Le chirurgien panse la blessure, et Drouot, ne pouvant se chausser de sa botte, continua sa marche le pied dans un bandage.

Cette artillerie eut à soutenir les terribles charges de la cavalerie autrichienne. Lorsque les escadrons sa précipitaient avec furie sur les canons, Drouot rompait son silence habituel pour crier : « Allons, enfants, ripostez vivement! »

Drouot tira sa montre une seconde fois, il était une heure. Macdonald formait la fameuse colonne serrée. Drouot vint à lui et prononça

Bataille de Wagram : Napoléon lance l'artillerie de la garde.

ces paroles : « Dans une heure le prince Charles battra en retraite. »

L'ennemi eut treize mille morts ou blessés, et perdit neuf drapeaux et quarante pièces de canon.

L'une des batteries d'artillerie de Drouot, qui était le matin servie par quatre-vingts hommes, n'avait plus le soir qu'un officier et dix soldats. L'artillerie française tira quatre-vingt-deux mille coups de canon.

Le lendemain de la victoire, Drouot fut nommé officier de la Légion d'honneur. Il était chevalier depuis le 5 août 1804. Le grade d'officier de la Légion d'honneur était, à cette époque, une haute récompense; un grand nombre de généraux n'avaient que la décoration de chevalier, quelques-uns même ne faisaient point partie de la Légion d'honneur.

Le 15 mai 1810, l'empereur accorda le titre de baron au colonel Drouot.

IV

Il s'était passé un fait très remarquable dans la garde consulaire. Un grenadier se suicida pendant sa faction; quelques jours après, un second grenadier se tua dans la même guérite,

puis un troisième, enfin un quatrième. La guérite fut brûlée, et la nouvelle placée sur un
autre point. Les suicides cessèrent.

Le premier consul, frappé de ce terrible
exemple, publia le 12 mai 1802 un ordre du
jour dans lequel il exprime cette juste pensée :
« Le militaire qui se tue volontairement doit
être regardé comme un soldat qui abandonne le
champ de bataille avant d'avoir combattu. »

Nous rappelons ces choses parce que le colonel
Drouot vit se renouveler les douloureuses scènes
de la garde consulaire.

Lorsque son régiment tenait garnison à Vin-
cennes, en 1810, un artilleur se pendit à un
arbre. Drouot réunit les sous-officiers et capo-
raux et leur adressa une vigoureuse et touchante
allocution. Sa voix frémissante arracha des
larmes aux vieux soldats.

Mais peu de jours après un caporal se pendit.
La douleur du colonel fut profonde. Ses sentiments religieux soutenaient une cruelle épreuve.
Il voulut faire un exemple pour frapper l'imagination de ses canonniers. Il défendit qu'aucun
honneur militaire fût rendu au suicidé, et le fit
enterrer dans un fossé du polygone.

La police fut prévenue, et adressa un rapport
au général Lariboisière, commandant l'artillerie
de la garde. L'empereur, averti le soir même,
fit appeler le colonel Drouot au palais de Saint-
Cloud. Sans colère, mais visiblement préoccupé,

Napoléon fait observer au colonel qu'il avait oublié les règles de la vie civile. Tout en reconnaissant ses torts, Drouot parla du suicide avec tant d'éloquence, que l'empereur en fut troublé. « Eh bien, Sire, croyez-vous que le commissaire de police guérira votre armée, si cette horrible maladie vient à l'atteindre? Les lois sont moins puissantes que la religion et la discipline. »

Cependant un ordre fut publié par le ministre de la guerre à l'occasion de cet événement. Cet ordre ne désignait ni l'armée ni le régiment. Drouot éprouva un tel chagrin de cette réprimande, et surtout de sa cause, que trente ans après il n'en parlait qu'avec émotion.

Le colonel Drouot n'avait que trente-six ans, mais il semblait plus âgé. Sa tête rappelait ces moines peints par Zurbaran, le Caravage espagnol. C'était ce vaste front éclairé d'une sombre lumière, ce regard intérieur qui sondait les profondeurs de la terre et s'élevait jusqu'au ciel. Dans ce regard se lisaient ces mots de l'Église : *Sursum corda!* Pour les hommes, Drouot n'était qu'un bon officier d'artillerie, mais les hommes ne savaient pas le juger. Ils ne savaient pas ce qu'il y avait en lui de grandeur religieuse. D'autres ont été d'illustres capitaines, d'éloquents orateurs, des poètes pleins de charmes, tandis qu'il cachait sous l'uniforme militaire des trésors de foi, d'espérance et de charité. S'il était entré dans un cloître au lieu de vivre sous la tente, eût-il fait plus de bien? Nous ne le pensons pas. Dieu a ses ouvriers pour toutes les œuvres. Drouot fut l'ouvrier des bons exemples. Il ne convertit personne, comme eût pu le faire un moine, mais, si sa parole ne descendait pas dans les âmes, ses exemples frappèrent les yeux. L'incrédulité fut surprise de cette vertu constante qui puisait sa force dans la prière. Aussi cet homme a-t-il fait beaucoup de bien, quoique ses écrits ne soient pas venus jusqu'à nous, et que sa voix n'ait jamais réveillé les échos. Mais la trace de ses pas ne s'est point effacée, et plus d'un parmi nous, dans les camps à l'ombre du drapeau, a cherché, pour les suivre, ces traces plus puissantes que jamais.

Drouot, quoiqu'il vécût au milieu du fracas de l'artillerie, aimait le silence. Il aimait aussi l'obscurité, quoiqu'il fût placé sur un théâtre largement éclairé. Il se retirait à l'écart pour lire et relire le Sermon sur la montagne. Il priait sans le montrer, et presque sans le laisser voir. Mais, tout indulgent qu'il fût, Drouot ne souffrait jamais une attaque contre la religion. Étranger à la théologie, il ne cherchait pas à convaincre par des raisons, mais il se bornait à dire : « Croyez, et vous serez consolé. »

Quoique officier supérieur de l'armée, il vivait comme un moine. A quatre heures du matin, hiver comme été, il se levait et priait, promptement en temps de guerre, plus longuement pendant la paix. Puis il se mettait au travail. Il déjeunait à six heures d'un morceau de pain de munition, et reprenait ensuite son travail, s'élevant aux questions les plus hautes et descendant aux détails les plus modestes. Un membre de l'Institut, venu pour le consulter sur les catapultes et les balistes des anciens comparés à l'artillerie moderne, trouva le colonel Drouot décousant un soulier de soldat, pour savoir s'il ne serait pas avantageux de modifier l'attache de la semelle.

Il fut le premier à établir dans son régiment des écoles de lecture, d'écriture et de dessin. Il créa une petite bibliothèque pour ses sous-officiers.

En ce temps-là, les corps possédaient des *masses noires*, sortes de caisses dont les dépenses étaient à la disposition du colonel. La plupart des chefs de corps employaient ces masses noires pour leurs musiques, pour des ornements à la tenue ou autres fantaisies de luxe. Le colonel Drouot s'informait auprès des capitaines de la véritable situation de leurs hommes. Les bons sujets dont les familles étaient pauvres apprenaient, par une lettre du pays, que le maire de la commune avait remis à tel père de famille une somme plus ou moins forte, au nom du régiment. Qu'on juge de la joie de ces bons paysans lorsqu'ils recevaient cinquante ou soixante francs, et de la joie plus grande encore de ce brave artilleur, en apprenant que sa conduite exemplaire apportait le bien-être dans la chaumière paternelle.

Est-il nécessaire d'ajouter que Drouot était aimé des soldats comme eux seuls savent aimer, c'est-à-dire vigoureusement et franchement?

Longtemps après qu'il eut pris sa retraite, le général Drouot reçut une lettre qui le fit sourire de bonheur, car elle lui rappelait ses artilleurs. Nous prions le lecteur de nous pardonner la liberté que nous prenons en mettant cette lettre sous ses yeux; elle est naïve, mais exprime les sentiments du soldat pour Drouot :

« Paris, le 6 décembre 1831.

« Mon général,

« J'avais appris hier une chose qui me faisait
« beaucoup de peine; on disait que vous étiez
« mort, et on m'avait lu, pour me le prouver,
« un papier que je vous envoie, parce qu'il
« contient sur votre compte des choses qui me
« semblent très bien dites, et qui surtout sont
« très justes et vraies. Il y a un proverbe qui dit
« qu'on doit dire la vérité aux morts. Celui qui
« a mis cet article dans le journal de Paris du
« 5 décembre 1831 avait cependant oublié une
« chose, et qui cependant est essentielle à mon
« idée : c'était de dire la manière dont vous
« saviez parler aux soldats et les gouverner.

« C'est une belle chose que la science, mon
« général, mais moi je dis que ce n'est pas tout;
« la principale chose, suivant moi, c'est de se
« faire aimer du soldat, parce que, si le colonel
« n'est pas aimé, on ne se soucie pas beaucoup
« de se faire tuer par les ordres de quelqu'un
« que l'on déteste. A Wagram, en Autriche, par
« exemple, où ça chauffait si fort et où notre
« régiment a tout fait, est-ce que vous croyez
« que, si vous n'aviez pas été aimé comme vous
« l'étiez, les canonniers de la garde auraient
« aussi bien manœuvré? Vous vous rappelez
« peut-être qu'après la bataille il manquait à
« l'appel vingt-cinq hommes par compagnie
« dans l'artillerie de la garde. L'empereur fut
« si content, qu'il fit donner la croix à tous les
« sous-officiers.

« Moi, mon général, je le répète, je n'ai
« jamais trouvé un colonel qui sût parler
« comme vous à un soldat; vous étiez sévère,
« j'en conviens, mais juste. Jamais un mot
« plus haut que l'autre, jamais de juremenents,
« jamais de colère; enfin vous parliez à un soldat
« absolument comme s'il eût été votre égal.

« Il y a des officiers qui parlent aux soldats
« comme s'ils étaient les camarades des soldats,
« mais ça ne vaut rien du tout, suivant moi. Je
« prends la liberté de vous faire écrire ces quel-
« ques lignes par un de mes amis, parce que
« vous m'avez rendu un service que je n'ai pas

« oublié. Quand je suis sorti de la garde par
« réforme, à cause d'une blessure que je m'étais
« faite dans une manœuvre, le ministre ne voulait
« pas me donner la pension que je méritais ;
« mais vous avez eu la bonté de prendre vous-
« même la plume et de me faire la pétition la
« plus soignée que j'aie jamais vue ; vous l'avez
« fait transcrire ensuite par un sergent et vous
« l'avez apostillée. Quand le ministre a vu com-
« ment la chose était dite, ma foi, j'ai eu ma pen-
« sion tout de suite, et toutes les fois que je vais à
« la caisse, je dis en moi-même : C'est tout comme
« si cet argent-là sortait de la poche du général
« Drouot, car sans lui je n'avais rien. J'ai encore
« appris avec plaisir que Louis-Philippe vous
« avait fait pair de France, comme sous l'em-
« pereur, en 1815. Il y a le fils d'un bourgeois
« que je connais qui dit que vous refuserez ;
« mais je crois qu'il se trompe, car l'empereur
« est mort, et votre serment doit mourir aussi.

« Excusez, mon général, un vieux canonnier
« de votre régiment de vous importuner ; mais
« quand j'ai su que vous n'étiez pas mort, j'ai
« senti un tel plaisir, que j'ai voulu vous faire
« mes compliments. »

Signé : « MAILLOT. »

« *P. S.* Jean-Nicolas Maillot, canonnier à
« la 4ᵉ compagnie à pied de la garde impé-
« riale. Capitaine Lefrançais, et ensuite capitaine
« Moquart. »

Cet éloge de Drouot par un simple soldat illettré n'est pas indigne de figurer près de l'éloquente oraison funèbre prononcée par le R. P. Lacordaire.

V

L'empereur est entré en Russie à la tête d'une magnifique armée. Drouot, toujours colonel de l'artillerie de la garde, marche près du grand quartier général. Il se surpasse à la Moskowa, et l'empereur le nomme commandeur de la Légion d'honneur.

L'heure du désastre ne tarda pas à venir. Le découragement s'empara des plus forts. Drouot résista, et donna l'exemple de la bravoure et de l'énergie. Sa puissance morale ne put être vaincue ni par les éléments ni par la douleur ou le désespoir de ses compagnons d'armes.

« Chaque matin, dit le R. P. Lacordaire, on le voyait, en plein air, comme s'il eût été sous le ciel de Naples, ôter son uniforme. Il ouvrait le col de sa chemise, appendait un miroir à l'affût d'un canon, se faisait la barbe et se lavait le visage devant toute sa troupe. Il n'y manqua pas un seul jour, à quelque degré douloureux que la température descendît. La Providence récompensa son dévouement...[1]. »

Pendant cette retraite de Russie, au milieu d'une froide nuit, l'empereur se leva et sortit. L'obscurité régnait partout ; la neige amoncelée enveloppait comme un vaste linceul les champs, les arbres et les masures abandonnées. Vainement le regard interrogeait-il l'horizon, rien ne se montrait, rien ne se laissait deviner. Un morne silence attristait l'âme. Le pas monotone des sentinelles et cette insaisissable rumeur des bivouacs, rêve plutôt que réalité, venaient de minute en minute rappeler que dans cette neige et ce brouillard il y avait une armée. Tout dormait.

Après une solitaire méditation, l'empereur, ne pouvant résister plus longtemps à la bise glaciale, se disposait à rentrer sous le chaume qui lui servait de palais. Il avait cependant lutté contre les éléments ; mais lui, le vainqueur du monde, était vaincu. Sa capote grise ramenée sur sa poitrine, le large manteau de guerre qui l'enveloppait, étaient impuissants, et l'homme le plus fort ne pouvait que se soumettre et attendre le jour avec résignation.

Les vieux grenadiers de la garde, en faction depuis une heure, marchaient rapidement devant

[1] *Éloge funèbre du général Drouot,* par le R. P. Lacordaire.

la porte de la cabane, dans un religieux silence.
C'étaient des corps bronzés venus des Pyramides
à la Bérésina, et qui méprisaient la souffrance
et la mort. Cependant ils tremblaient de froid,
et pouvaient à peine secouer leurs fronts inondés
de neige.

De temps à autre les deux sentinelles s'arrêtaient, et, comme par un mouvement instinctif,
dirigeaient les yeux vers le même point. C'était
une masse informe, dans un lointain peu éloigné,
un hameau sans doute masqué par un mouvement de terrain ou quelques murs en ruine; à
travers l'atmosphère épaisse et lourde, on croyait
apercevoir une faible lueur briller comme la
flamme d'une lampe.

Les yeux de Napoléon suivirent les regards de
ses grenadiers. Surpris d'abord, l'empereur fit
quelques pas en avant. Sa tête, inclinée sur sa
poitrine, se releva; ses yeux brillèrent d'un éclat
de bonheur, et sa bouche murmura : « Il y a
donc encore des hommes forts? »

La journée de la veille avait été rude cependant, et celle du lendemain devait être plus rude
encore. Napoléon ne pouvait détacher son regard
de ce point lumineux. Superstitieux à cette heure
terrible de la défaite, il croyait voir une étoile
du ciel, cette étoile qui guide le naufragé vers
le rivage.

Napoléon rentra précipitamment et donna un
ordre. L'officier de service accomplit sa mission

et revint bientôt après : « Sire, dit-il, c'est le colonel Drouot qui travaille et prie Dieu. »

Aux premières lueurs du jour, Drouot était à cheval et combattit jusqu'au soir. Napoléon ne lui adressa pas la parole. Ceci se passait dans les premiers jours de décembre 1812. Le mois suivant, Drouot était nommé général et aide de camp de l'empereur.

Lorsqu'il alla remercier Napoléon de cet avancement et de l'honneur qui lui était fait, celui-ci dit : « Vous êtes énergique, Drouot. — Sire, répondit le général, je ne crains ni la mort ni la pauvreté ; je ne crains que Dieu : voilà toute ma force. »

Le maréchal Ney, qui était présent à cette entrevue, dit en souriant : « Sire, le général Drouot est proclamé *le sage de la Grande Armée.* » Napoléon ajouta : « Le nom lui en restera. »

Lorsqu'il apprit sa promotion au grade de général, Drouot écrivit à son ami le général Éblé : « J'ai été surpris de ma nomination ; j'étais heureux dans le grade de colonel ; je ne désirais pas aller au delà ; je suis affligé de mon changement d'état. »

Dieu avait réservé Drouot pour nos jours de malheur. Quand la France était victorieuse, il semblait s'être réfugié à l'ombre. Il vivait de la vie régimentaire, glorieuse sans doute, mais obscure. Lorsque l'heure des défaites fut venue, lorsqu'il fallut à notre pauvre France chancelante les têtes, les cœurs et les bras de tous ses enfants, Drouot fut porté aux premiers rangs presque subitement. On découvrit alors que ce simple officier était un grand général.

Quoique ses fonctions d'aide de camp de l'empereur eussent pu rendre le service du général Drouot plus agréable et plus doux, il sollicita la faveur de combattre avec l'artillerie. Il écrivait, le 14 mai 1813 : « ... Sa Majesté ayant eu la bonté de m'employer suivant mes goûts, c'est-à-dire avec les canons, j'ai été à portée de suivre de très près les jeunes canonniers, dont j'ai été très content. »

Dans un seul mois, Drouot avait pris sa part des victoires de Poserna, Lutzen, Vessig, Bautzen et Wurschen.

A la bataille de Dresde, le général Drouot reçut une balle en pleine poitrine; elle fut heureusement détournée par les aiguillettes et amortie par une carte de géographie placée sous les revers de l'habit. Sept jours après, lorsqu'il fut guéri, Drouot se présenta à l'empereur, qui lui dit : « Je vous nomme général de division. » Le lendemain, l'empereur le fit appeler pour lui annoncer qu'il le nommait encore aide-major de la garde, en remplacement du comte de Lobau, appelé au commandement du 1er corps d'armée.

« Les officiers français ne savaient point ce qu'ils devaient le plus admirer de l'étonnante profondeur de ses opérations, de la justesse de ses calculs, ou de l'intrépidité froide et stoïque qu'il portait au milieu des combats. On l'a vu commander trois cents bouches à feu avec l'assurance qu'on peut porter dans une attaque dont l'issue n'importe guère au salut de l'armée, et remplacer par l'habileté de ses manœuvres l'infériorité de notre cavalerie... Depuis que l'artillerie est devenue le plus décisif des moyens de la victoire, la réputation du général Drouot a passé dans les rangs de tous les ennemis que nous avons successivement vaincus; son nom s'est placé le premier parmi ceux des officiers de son arme[1]. »

Après la bataille de Leipzig, où il avait rendu d'immenses services, le général Drouot fut nommé comte de l'empire. •

Nous avons vu un tableau représentant le général Drouot à la bataille de Hanau. Ce fut dans cette journée qu'il dit à l'empereur, fort exposé au milieu de ses batteries : « Retirez-vous, Sire; ce n'est point ici votre place. — Vous y êtes bien, répondit Napoléon. — Et qu'importe, reprit Drouot, le temps que j'ai encore à vivre? »

Dans le tableau dont nous parlons, on voit un officier bavarois lever son sabre sur la tête de Drouot; mais un artilleur tue le Bavarois au moment où il va frapper le général. Ce tableau est d'Horace Vernet; le musée de Nancy en pos-

---

[1] *Procès du général comte Drouot*, Notice historique.

Bataille de Hanau : Drouot et ses artilleurs chargés par la cavalerie bavaroise.

sède une copie. C'est une page d'histoire. Les charges de l'ennemi parvinrent jusqu'au milieu de nos batteries. Le général Drouot était à pied et n'eut que le temps de mettre l'épée à la main.

A la Rottière, à Champ-Aubert, à Montmirail, le général Drouot étonna l'empereur lui-même en lui montrant ce que peut une artillerie bien commandée. La victoire de Mormant fut l'œuvre de Drouot.

« La France fut étonnée d'apprendre qu'elle possédait depuis longtemps le premier officier d'artillerie de l'Europe[1]. »

Ceux qui ont étudié les campagnes de France de 1813 et 1814 savent que notre infanterie se composait de conscrits et que la cavalerie n'existait plus. L'artillerie devait faire plus que n'exigeaient la science et l'art de la guerre. Mais pour organiser, employer, conserver cette arme si difficile, si délicate, il fallait plus qu'un artilleur consommé : Drouot fut donc un général d'armée, un grand général. L'empereur lui dit un jour devant plusieurs maréchaux : « N'est-il pas vrai, général, qu'il ne faudrait, pour réussir, que cent hommes comme vous? — Dites cent mille, » répondit le général en souriant.

A Mormant, le général Gérard et le maréchal duc de Bellune consultèrent Drouot, qui modestement donna le précieux conseil qui fut suivi.

---

[1] Le R. P. Lacordaire.

Le 20 mars, à Arcis-sur-Aube, l'empereur fut un instant enveloppé par les charges de l'ennemi, et mit l'épée à la main. Drouot dégage Napoléon, et Ney achève la victoire. Le général Drouot est alors nommé grand-officier de la Légion d'honneur.

Quoiqu'il prît part à tous les combats, Drouot désirait la paix. Il en comprenait la nécessité, et ne se faisait pas illusion sur le dénouement de la campagne de 1814. Mais, témoin de nombreuses défaillances, il soutenait énergiquement que le devoir militaire était de combattre, et non de discuter. Il allait jusqu'à imposer silence à ceux qui, devant le soldat, parlaient des nécessités de la paix.

Quelque doux que fût son caractère, Drouot savait résister à ce qu'on nomme l'opinion publique et qui n'est souvent qu'un mensonge convenu. Il prenait sa conscience pour guide, et suivait ses inspirations sans tenir compte des intérêts personnels ou des considérations humaines. En ce temps-là, le mot *autoritaire* n'exprimait pas l'idée que nous lui avons prêtée. Tout homme était autoritaire; c'est assez dire que Drouot ignorait même qu'on pût servir un souverain sans se dévouer à lui.

Il fut donc fidèle à Napoléon comme il l'eût été à tout autre souverain de la France. Mais l'empereur était son bienfaiteur, et à ce titre il lui devait une grande reconnaissance. Attaché à la personne de Napoléon en qualité d'aide de camp, il se considérait comme ayant pris place à son foyer.

VI

Lorsque l'empereur vaincu partit pour l'exil, Drouot voulut le suivre à l'île d'Elbe.

Il écrivit alors au général Dupont, ministre de la guerre :

« Fontainebleau, 18 août 1814.

« Monseigneur,

« La reconnaissance et mon attachement pour
« l'empereur m'ont déterminé à suivre Sa Majesté
« dans l'île d'Elbe. Éloigné de ma patrie, je ne
« cesserai de faire des vœux pour son bonheur
« et pour sa gloire ; dans toutes les circonstances,
« elle me trouvera prêt à me ranger parmi ses
« défenseurs et à verser tout mon sang pour elle.

« Je prie Votre Excellence d'être bien per-
« suadée de mes sentiments et d'agréer mon
« adhésion au nouveau gouvernement. »

D'après l'article 17 du traité du 18 avril 1814, Napoléon pouvait être accompagné de quatre cents hommes de la garde impériale.

Nous ne dirons pas si beaucoup, parmi les généraux comblés d'honneurs et de richesses par l'empereur, se présentèrent à l'heure des douleurs; mais Drouot et Bertrand demeurèrent à leurs places. Dans les tristes jours qui précédèrent le départ, Napoléon demanda au général Drouot quelle était sa fortune; et sur sa réponse qu'elle s'élevait à deux mille cinq cents francs de rente, Napoléon dit : C'est trop peu, on ne sait pas ce qui peut m'arriver. Je ne veux pas qu'après moi vous vous trouviez dans le besoin; je vais vous donner deux cent mille francs. » Drouot refusa, et, voyant l'empereur peiné, il lui dit : « Si Votre Majesté me donnait de l'argent à l'heure qu'il est, on dirait que l'empereur Napoléon, dans l'adversité, n'a trouvé des amis qu'à prix d'or, et l'on dirait de moi que j'ai suivi votre Majesté parce que j'étais payé pour cela. »

Le comte Marchand, témoin de cet entretien, ajoute que le général Drouot le termina par ces paroles : « D'ailleurs, Sire, qu'ai-je besoin d'argent? Je vivrais avec vingt-quatre sous par jour. »

En traversant Nice pour se rendre au port d'embarquement, le général Drouot fut assailli par la populace, qui voulait le massacrer.

Le lendemain de son arrivée à l'île d'Elbe, il écrivit à son ami le général Évain :

« Après une navigation de cinq jours, pendant laquelle j'ai horriblement souffert, je suis arrivé ici le 3 mai. J'ai reçu l'ordre de prendre provisoirement le gouvernement de l'île, et je ne l'ai accepté qu'à la condition de le quitter dans quinze jours, lorsque les troupes de la garde venant de France seront arrivées ; j'ai renoncé entièrement aux grandeurs de ce monde ; je veux consacrer à l'étude le temps de mon exil, et lorsque j'aurai le bonheur de rentrer dans ma patrie, ce sera pour goûter le repos et le bonheur intérieurs, près de ma famille et de mes amis. »

Après un séjour de trois mois dans l'île, le général écrivait : « ... Il y a longtemps que je n'ai passé un été aussi agréable. Je continue à mener la vie d'un anachorète, mais cette vie a pour moi les plus grands charmes ; il est impossible d'être plus heureux. Je me lève de cinq à six heures, et jusqu'à neuf heures je m'occupe uniquement des devoirs de gouverneur ; à neuf heures, je déjeune.

« De dix heures à cinq heures après midi, je m'occupe de l'étude des sciences ; à cinq heures, je dîne.

« De six à huit heures, je me promène. A huit heures, je rentre chez moi, et jusqu'à neuf heures je lis.

« A neuf heures je me couche, je lis dans mon lit jusqu'à dix.

« Tel est le train de vie que je mène tous les jours ; je n'ai jamais été plus heureux. Joignez à cela que je jouis de la meilleure santé, que je suis bien aimé de tous ceux qui ont avec moi des relations, et vous connaîtrez ma position aussi bien que moi. Cette félicité est augmentée les jours où j'ai le bonheur de recevoir des lettres du petit nombre de vrais amis que j'ai en France. »

Le général écrivait un journal dans lequel étaient portés de précieux jugements sur l'empereur. Drouot, peu de temps avant sa mort, livra le journal aux flammes avec un grand nombre de travaux, mémoires, études, faits par lui sur divers sujets.

A l'île d'Elbe, l'empereur sortait souvent à cheval, toujours accompagné des généraux Drouot et Bertrand. L'étiquette des cours avait à peu près disparu, et quelque respectueuses que fussent les relations des généraux avec Napoléon, il s'y mêlait cette sorte de familiarité que fait naître la confiance.

Nous n'avons pas à apprécier les causes qui déterminèrent l'empereur à quitter l'île d'Elbe.

Le général Drouot ne cessa pas un seul instant de désapprouver le retour en France. Lorsque, peu de jours avant de quitter l'île, Napoléon fit part de sa résolution à Bertrand et à Drouot, celui-ci eut le courage de combattre les idées du maître. Il parla de la France, dont les blessures saignaient encore, de la France, que de nouveaux malheurs accableraient pour longtemps. Mais tout fut vain.

Obligé à l'obéissance, le général Drouot renonça à ce repos dont il sentait tout le prix, à ses chères études, aux conversations instructives de l'empereur, à ces courses dans la campagne, à ces petits jeux qui faisaient oublier à Napoléon ses rêves ambitieux; il fallait reprendre cette existence dévorante de l'homme public, les luttes sans fin, cette guerre impitoyable qui coûtait aux nations tant de larmes et de sang.

Deux jours avant de quitter l'île d'Elbe, Drouot disait à M. Lacour, ex-commissaire des guerres : « Je suis persuadé que nous faisons une grande faute en quittant cette île, et, si l'on m'avait cru, nous y serions restés. »

Il disait à M. Peyrusse, payeur de l'île : « Vous savez qu'il est question de départ; j'ai fait tout ce que j'ai pu pour en détourner l'empereur, mais il n'a pas eu égard à mes observations. »

De longues années après, lorsqu'il vivait dans une retraite obscure, le général répétait souvent : « Si l'on m'avait cru, que de malheurs eussent été évités! »

L'empereur objectait à Drouot que l'amour des soldats lui rendrait son trône; que ses partisans le rappelaient, et que l'Europe s'épouvanterait en lui voyant reprendre son épée d'Austerlitz et de Wagram. « Et moi aussi, je suis soldat, répondait Drouot, mais je ne suis pas aveuglé par les illusions. Les partisans sont des hommes de parti qui se laissent guider par la passion; quant aux souverains alliés, ils se souviennent bien plus des guerres d'Espagne et de Russie que des victoires d'Austerlitz et de Wagram. Hélas ! Sire, la France elle-même a de douloureux souvenirs sur le cœur. Elle a besoin de se recueillir. »

Tout fut inutile. L'empereur donna ses ordres, et Drouot ne sut qu'obéir. L'exil de l'île d'Elbe n'avait été que de dix mois.

Le 26 février 1815, à neuf heures du soir, Napoléon s'embarqua pour voguer vers la côte de France. Il était debout sur le pont du navire, les bras croisés et le regard presque sombre. Derrière lui se tenaient Bertrand, Drouot, Cambronne et quelques officiers dévoués à sa fortune.

Il importe d'insister sur le rôle du général Drouot dans cette circonstance si délicate. Il eut à répondre devant le conseil de guerre de cette conduite dont il n'était, pour ainsi dire, plus le maître.

Laissons parler le général :

« Abondonner le souverain auquel j'avais promis fidélité me paraissait une lâcheté. Pendant les jours qui ont précédé l'embarquement, j'ai été combattu, d'un côté, par le désir de m'éloigner; de l'autre, par la honte d'abandonner, dans un moment de danger, le souverain dont j'avais jusqu'alors partagé le sort. J'ai pris le parti que me dictaient l'honneur et la fidélité. Je puis facilement prouver ma constante opposition à cette entreprise : plusieurs en ont eu connaissance personnellement, d'autres l'ont su par Napoléon lui-même et par divers membres de sa famille.

« J'étais sujet de Napoléon, reconnu souverain étranger; et dès lors, quelle que fût mon opinion sur la nature et les suites de son entreprise, je ne pouvais me refuser à le servir. Qu'il me soit permis de le dire, plus cette entreprise était périlleuse, moins j'avais la liberté de réfléchir sur sa légitimité. Tout militaire français appréciera ma position à cet égard [1]. »

Pendant la traversée, Napoléon était escorté par une petite flottille composée du brick *l'Inconstant*, de 26 canons, des bombardes *l'Étoile* et *la Caroline*, puis de quatre felouques.

Le brick de guerre *l'Inconstant*, qui portait Napoléon, mouilla au golfe Juan le 1er mars. Ce fut à cinq heures seulement que l'expédition mit pied à terre. On forma un bivouac dans un bois d'oliviers. Les grenadiers de la garde déchargèrent les canons, les affûts, les caissons et les armes. L'*Inconstant* n'arrivant que le dernier,

---

[1] *Procès du général Drouot.* Son interrogatoire; Paris, 1816.

Napoléon trouva sa petite troupe réunie. Les soldats prirent leurs rangs, et l'officier fit présenter les armes. Quelques paysans étaient accourus, et considéraient avec une surprise mêlée d'émotion le spectacle qui les frappait.

Après être passé devant le front de ses grenadiers, accompagné de Drouot, Bertrand et Cambronne, Napoléon se tourna vers le colonel Jermanowski et lui demanda combien il y avait de chevaux. Il ne s'en trouva que quatre, appartenant aux écuries impériales. Napoléon dit alors : « Partageons ces quatre chevaux; il m'en faut un, vous prendrez le second, puisque vous commandez ma cavalerie. Les deux autres seront pour Drouot, Bertrand et Cambronne, ils s'arrangeront pour le mieux. »

On vit alors un singulier spectacle. Quatre hommes se dirigeaient du campement vers le village près duquel se trouvait la flottille. Trois d'entre eux portaient sur leurs têtes des selles de cavalerie, et les brides pendaient à leurs bras. Ces hommes étaient les généraux Bertrand, Drouot et Cambronne. Le quatrième était Napoléon.

Lorsqu'ils furent près des chevaux, Drouot et Bertrand refusèrent d'en prendre. L'un devint le partage de Cambronne, et le colonel Malet accepta l'autre.

Dans la matinée du lendemain on acheta quelques chevaux de trait, car au départ les grenadiers s'étaient attelés aux pièces. Drouot prit le commandement de cette artillerie.

A onze heures, l'expédition se mit en route. Napoléon marchait en tête de la petite colonne. Au centre se trouvaient les trois pièces. Drouot marchait à pied près de son artillerie, un livre sous le bras.

La colonne s'arrêta dans la ville de Grasse. Tous les habitants accoururent, et Napoléon fut bientôt entouré. Des vivres furent apportés, et quelques anciens soldats demandèrent à Napoléon la permission de le suivre. On coucha à Cérénon le 2, le 3 à Barème, le 4 à Digne et le 5 à Gap. Drouot était toujours à pied.

La proclamation datée du golfe Juan, 1ᵉʳ mars, ne fut écrite et répandue qu'à Gap. Cette proclamation, signée par les compagnons d'exil de Napoléon et adressée aux soldats de l'armée française, porte la signature de Drouot. Mais, lorsque le texte fut présenté au général pendant son procès, il déclara que ce qu'il avait signé ne contenait aucune responsabilité.

Cette proclamation a-t-elle été falsifiée dans les nombreuses imprimeries qui la reproduisaient? ou bien les hommes de parti, ardents jusqu'à la haine, ont-ils tronqué une pièce aussi importante? Quoi qu'il en soit, la proclamation du golfe Juan, telle que les historiens l'ont insérée dans leurs livres, n'est pas la véritable proclamation. Jamais Drouot n'aurait signé rien de semblable. Il l'a déclaré publiquement devant les juges. Mais la falsification est fort ancienne, puisqu'elle existe déjà dans le *Moniteur* de mars 1815.

Le 25 mars, Napoléon était à Paris. Ce fut seulement le 2 juin, deux mois après son retour, que l'empereur accorda une récompense à Drouot. Il fut nommé pair de France après la cérémonie du champ de mai.

Les prévisions de Drouot s'accomplirent. Napoléon ne devait plus revoir le soleil d'Austerlitz.

Pendant les cent-jours, le général Drouot remplit les fonctions de major général de la garde impériale. Ce qu'il fit est impossible à résumer dans ces pages. Ne dormant que quelques heures, prenant ses repas debout, écrivant sans cesse, donnant des ordres, réorganisant la garde, créant l'artillerie, Drouot accomplissait plus que le devoir.

A Waterloo, il semblait chercher la mort. Il fatigua ce jour-là *seize* chevaux. Napoléon répétait à chaque instant : « Où est Drouot? Faites venir Drouot. »

Il y eut un moment solennel. Napoléon se place dans le carré où venait de tomber Cambronne. Autour de l'empereur se trouvent Drouot, Bertrand, Ney, Soult, Corbineau, Flahaud, Gourgaud et Labédoyère.

On sait le reste.

Le maréchal Ney a prononcé au sénat un

discours qui pourrait se résumer par ces mots :
« Tout est perdu. » Drouot, retenu par son service, n'assiste pas à la séance; mais le lendemain il prononce cette improvisation qui réveille
tous les échos de la tribune et produit en France
une émotion sans pareille. Malgré son étendue,
nous reproduisons ce discours, qui peut, à juste
titre, être considéré comme l'histoire complète
et vraie de la campagne de 1815.

VII

Ce document est d'autant plus précieux, que
Drouot était la loyauté même et qu'il avait eu
le rôle important. Un grand nombre d'écrivains
ont publié des récits différents sur cette douloureuse campagne, et cependant peu de personnes
connaissent le tableau qu'en a fait le général
Drouot, major général, transmettant tous les
ordres et témoin des faits.

*Discours du général Drouot à la chambre
des pairs.*

« Messieurs, mon service ne m'ayant pas
permis de me trouver hier matin à la séance
de la chambre des pairs, je n'ai pu connaître

que par les journaux les discours qui ont été prononcés dans cette séance. J'ai vu avec chagrin ce qui a été dit pour obscurcir la gloire de nos armes, exagérer nos désastres et diminuer nos ressources. Mon étonnement a été d'autant plus grand, que les discours étaient prononcés par un général distingué qui, par sa grande valeur et ses connaissances militaires, a tant de fois mérité la reconnaissance de la nation. J'ai cru m'apercevoir que l'intention du maréchal Ney avait été mal comprise, que sa pensée avait été mal saisie. L'entretien que j'ai eu avec lui ce matin m'a convaincu que je ne m'étais pas trompé.

« Je vous prie, Messieurs, de me permettre de vous exposer en peu de mots ce qui s'est passé dans cette trop courte et trop malheureuse campagne.

« Je dirai ce que je pense, ce que je crains, ce que j'espère. Vous pouvez compter sur ma franchise. Mon attachement à l'empereur ne peut être douteux ; mais avant tout et par-dessus tout j'aime ma patrie. Je suis amant enthousiaste de la gloire nationale, et aucune affection ne pourra jamais me faire trahir la vérité.

« L'armée française a franchi la frontière le 15 juin. Elle était composée de plusieurs corps de cavalerie, de cinq corps d'infanterie et de la garde impériale. Les cinq corps d'infanterie étaient commandés : le premier, par le comte d'Erlon ; le second, par le comte Reille ; le troisième, par le comte Vandamme ; le quatrième, par le comte Gérard[1] ; le sixième, par le comte de Lobau.

« L'armée rencontra quelques troupes légères en deçà de la Sambre, les culbuta et leur prit quatre à cinq cents hommes ; elle passa ensuite la rivière, le 1er et le 2e corps à Marchiennes-Aupont, le reste de l'armée à Charleroi.

« Le 6e corps, qui était resté en arrière, n'effectua le passage que le lendemain.

« L'armée se porta en avant de Charleroi sur la route de Fleurus. Le corps de Vandamme attaqua, vers quatre ou cinq heures du soir, une division ennemie qui paraissait forte de huit à dix mille hommes, infanterie et cavalerie, soutenue par quelques pièces de canon et qui se tenait à cheval sur la route de Fleurus.

« Cette division fut enfoncée, ses carrés d'infanterie furent culbutés par notre cavalerie ; l'un d'eux fut entièrement passé au fil de l'épée.

« Dans une des charges de cavalerie, la France perdit mon brave et estimable camarade, le général Letort, aide de camp de l'empereur. »

(En prononçant ces mots, la voix de l'orateur devient tremblante ; il s'arrête un instant, et des larmes mouillent ses yeux.)

« Nos avant-postes se portèrent sur Fleurus. Le lendemain matin, l'armée française entra

---

[1] Le 5e corps, commandé par le comte Rapp, était en Alsace.

dans la plaine de Fleurus que, vingt et un ans auparavant, nous avions illustrée par les plus beaux faits d'armes. L'armée ennemie paraissait en amphithéâtre sur un coteau, derrière les villages de Saint-Amand et de Ligny. La droite paraissait s'étendre peu au delà de Saint-Amand ; la gauche se prolongeait sensiblement peu au delà de Ligny.

« Vers midi, le 3e corps d'infanterie, soutenu par son artillerie, attaque le village de Saint-Amand, s'empare du bois qui précède le village et pénètre jusqu'aux premières maisons.

« Bientôt il est ramené vigoureusement. Soutenu par de nouvelles batteries, il recommence l'attaque, et, après plusieurs tentatives très opiniâtres, il finit par rester maître du bois et du village, qu'il trouve rempli de morts et de blessés prussiens.

« Pendant ce temps, le 4e corps attaquait le village de Ligny ; il y trouva beaucoup de résistance, mais l'attaque fut dirigée et soutenue avec beaucoup d'opiniâtreté.

« Des batteries occupaient tout l'intervalle des deux villages, pour combattre l'artillerie que l'ennemi avait placée au pied et sur le penchant du coteau.

« Je voyais avec complaisance prolonger cette canonnade, qui était tout à notre avantage. Les troupes destinées à protéger nos batteries, étant éloignées et masquées par la sinuosité du ter rain, se trouvaient à l'abri du danger. Celles de l'ennemi, au contraire, disposées par masses et en amphithéâtre derrière ces batteries, éprouvaient les plus grands dommages.

« Il paraît que l'intention de l'empereur était de porter cette réserve au delà du ravin et sur la position de l'ennemi, aussitôt que nous serions maîtres entièrement du village de Ligny.

« Cette manœuvre isolait entièrement la gauche des Prussiens et la mettait à notre discrétion. Le moment de l'exécuter était arrivé entre quatre et cinq heures, lorsque l'empereur fut informé que le maréchal Ney, qui se trouvait loin de notre gauche, à la tête du 1er et du 2e corps, avait en tête des forces anglaises très considérables; il avait besoin d'être soutenu. Sa Majesté ordonna que huit bataillons de chasseurs de la vieille garde et une grande partie des réserves de l'artillerie se portassent à la gauche du village de Saint-Amand, au secours des deux premiers corps; mais bientôt on reconnut que ce renfort n'était pas nécessaire, et il fut rappelé sur le village de Ligny, par lequel l'armée devait déboucher. Les grenadiers de la garde traversèrent le village, culbutèrent l'ennemi à la nuit, et l'armée, chantant l'*Hymne de la Victoire,* prit position au delà du ravin, sur le champ qu'elle venait d'illustrer par les plus beaux faits d'armes.

« J'ignore quels sont les autres trophées qui signalèrent cette grande journée, mais ceux que je connais sont plusieurs drapeaux et vingt-quatre pièces ennemies rassemblées sur le même point.

« Dans aucune circonstance je n'ai vu les troupes françaises combattre avec un plus noble enthousiasme ; leur élan, leur valeur, faisaient concevoir les plus grandes espérances. Le lendemain matin, j'ai parcouru le champ de bataille, je l'ai vu couvert de morts et de blessés ennemis. L'empereur fit donner des secours et des consolations à ces derniers. Il laissa sur le terrain des officiers et des troupes chargés spécialement de les recueillir.

« Les paysans emportaient les Français blessés avec le plus grand soin ; ils s'empressaient de leur apporter des secours ; mais on était forcé d'employer les menaces pour les obliger d'enlever les Prussiens, auxquels ils paraissaient porter beaucoup de haine.

« D'après les rapports de reconnaissance, on apprit qu'après la bataille l'armée ennemie s'était partagée en deux ; que les Anglais prenaient la route de Bruxelles ; que les Prussiens se dirigeaient vers la Meuse. Le maréchal Grouchy, à la tête d'un gros corps de cavalerie, des 2e et 3e corps d'infanterie, fut chargé de poursuivre ces derniers. L'empereur suivit la route des Anglais avec les 1er, 2e, 6e corps et la garde impériale.

« Le 1er corps, qui était en tête, attaqua et cul-

Bataille de Ligny : prise du village de Saint-Amand.

buta plusieurs fois l'arrière-garde ennemie et la suivit jusqu'à la nuit, qu'elle prit position sur le plateau en arrière du village de Mont-Saint-Jean, sa droite s'étendant vers le village de Braine, et sa gauche se prolongeant indéfiniment dans la direction de Wavres : il faisait un temps affreux. Tout le monde était persuadé que l'ennemi prenait position pour donner à ses convois et à ses parcs le temps de traverser la forêt de Soignes; et que lui-même exécuterait le même mouvement à la pointe du jour.

« Au jour, l'ennemi fut reconnu dans la même position. Il faisait un temps effroyable, et qui avait tellement dénaturé les chemins, qu'il était impossible de manœuvrer avec l'artillerie dans la campagne. Vers neuf heures le temps s'éleva, le vent sécha un peu la campagne, et l'ordre d'attaquer à midi fut donné par l'empereur.

« Fallait-il attaquer l'ennemi en position, avec des troupes fatiguées par plusieurs jours de marches, une grande bataille et des combats? ou bien fallait-il leur donner le temps de se remettre de leur fatigue et laisser l'ennemi se retirer tranquillement sur Bruxelles?

« Si nous avions été heureux, tous les militaires auraient déclaré que c'eût été une faute impardonnable de ne pas poursuivre une armée en retraite, lorsqu'elle n'était plus qu'à quatre lieues de sa capitale, où nous étions appelés par de nombreux partisans.

« La fortune trahit nos efforts, et alors on regarde comme une grande imprudence d'avoir livré la bataille.

« La postérité, plus juste, prononcera.

« Le 2e corps commença l'attaque à midi, le 18. La division commandée par le prince Jérôme attaqua le bois qui était placé en avant de la droite de l'ennemi. Elle s'en empara d'abord, en fut repoussée, et n'en resta entièrement maîtresse qu'après plusieurs heures de combat opiniâtre.

« Le 1er corps, dont la gauche était appuyée à la grande route, attaquait en même temps les maisons de Mont-Saint-Jean, s'y établissait, et se portait jusque sur les positions de l'ennemi. Le maréchal Ney, qui commandait les deux corps, se tenait de sa personne sur la grande route, pour diriger les mouvements suivant les circonstances.

« Le maréchal me dit, pendant la bataille, qu'il allait faire un grand effort sur le centre de l'ennemi, pendant que la cavalerie ramasserait les pièces qui paraissaient mal soutenues. Il me dit plusieurs fois, lorsque j'allais lui porter des ordres pendant la bataille, que nous allions remporter une grande victoire.

« Cependant le corps prussien qui s'était joint à la gauche des Anglais se mit en potence sur notre flanc droit, et commença à l'attaquer vers cinq heures et demie du soir. Le 6e corps, qui n'avait pas pris part à la bataille du 16, fut disposé pour lui faire face, et fut soutenu par une division de la jeune garde et quelques bataillons de la garde. Vers sept heures, on entendit dans le lointain, vers notre droite, un feu d'artillerie et de mousqueterie. On ne douta pas que le maréchal Grouchy n'eût suivi le mouvement des Prussiens, et ne vînt prendre part à la victoire. Des cris de joie se font entendre sur toute notre ligne. Les troupes, fatiguées par huit heures de combat, reprennent vigueur et font de nouveaux efforts. L'empereur regarde cet instant comme décisif; il porte en avant toute sa garde, ordonne à quatre bataillons de passer près du village de Mont-Saint-Jean, de se porter sur la position ennemie et d'enlever à la baïonnette tout ce qui résisterait. La cavalerie de la garde et tout ce qui restait de cavalerie sous la main seconda le mouvement. Les quatre bataillons, en arrivant sur le plateau, sont accueillis par le feu le plus terrible de mousqueterie et de mitraille. Le grand nombre de blessés qui s'en détachent fait croire que la garde est en déroute. Une terreur panique se communique aux corps voisins, qui prennent la fuite avec précipitation. La cavalerie ennemie, qui s'aperçoit de ce désordre, est lâchée dans la plaine ; elle est contenue pendant quelque temps par les douze bataillons de vieille garde qui n'avaient point encore donné, et qui, entraînés eux-mêmes par ce mouvement inexplicable, suivent, mais en ordre, la marche des fuyards.

« Toutes les voitures d'artillerie se précipitent sur la grande route ; bientôt elles s'y accumulent tellement, qu'il est impossible de les faire marcher. Elles sont la plupart abandonnées sur le chemin et dételées par les soldats, qui en emmènent les chevaux.

« Tout se précipita vers le pont de Charleroi et celui de Marchiennes, d'où les débris furent dirigés par Philippeville et Avesnes.

« Tel est l'exposé de cette funeste journée ; elle devait mettre le comble à la gloire de l'armée française, détruire les espérances de l'ennemi et peut-être donner très prochainement à la France la paix si désirée ; mais le Ciel en a décidé autrement ; il a voulu qu'après tant de catastrophes notre malheureuse patrie fût encore une fois exposée aux ravages des étrangers...

« Quoique nos pertes soient considérables, notre position n'est cependant pas désespérée ; les ressources qui nous restent sont bien grandes, si nous voulons les employer avec énergie.

« Le corps commandé par le maréchal Grouchy, composé des 3e et 4e corps d'infanterie, et d'un grand corps de cavalerie, vient d'effectuer sa retraite par Namur ; il est rentré en France par Givet et Rocroy ; son matériel est intact. Les débris des corps battus à Mont-Saint Jean forment déjà une masse respectable, qui augmente de jour en jour.

« Le ministre de la guerre a annoncé aux

chambres qu'on pourrait disposer de vingt à vingt-cinq mille hommes pris dans les dépôts.

« Les mesures prises par les chambres, pour appeler à la défense de la patrie tous les hommes en état de porter les armes, donneront bientôt un grand nombre de bataillons, si l'on presse avec toute l'activité possible la levée, l'embrigadement et les formations de ces bataillons.

« La perte de notre matériel peut être facilement réparée; nous avons à Paris trois cents pièces de bataille avec leur approvisionnement: la moitié de ces pièces suffit pour remplacer celles que nous avons perdues ; il suffit que les chambres prennent sans délai des mesures pour avoir des chevaux et des conducteurs, ce qui, dans une ville comme Paris, peut être effectué en vingt-quatre heures.

« Je ne puis assez le répéter à la chambre : la dernière catastrophe ne doit pas décourager une nation grande et noble comme la nôtre. Si nous déployons dans ces circonstances critiques toute l'énergie nécessaire, ce dernier malheur ne fera que relever notre gloire : et quel est le sacrifice qui coûterait aux vrais amis de la patrie, dans un moment où le souverain que nous avons proclamé naguère, que nous avons revêtu de toute notre confiance, vient de faire le plus grand, le plus noble de tous les sacrifices (l'abdication) ?

« Après la bataille de Cannes, le sénat romain vota des remercîments au général vaincu, parce qu'il n'avait pas désespéré du salut de la république, et s'occupa sans relâche de lui donner les moyens de réparer les désastres qu'il avait occasionnés par son entêtement et ses mauvaises dispositions.

« Dans une circonstance infiniment moins critique, les représentants de la nation se laisseront-ils abattre, et oublieront-ils les dangers de la patrie pour s'occuper de discussions intempestives, au lieu de recourir au remède qui assurerait le salut de la France? »

Ces paroles du général Drouot produisirent une profonde impression ; mais les âmes étaient trop abattues, les caractères trop affaiblis pour arracher les hommes politiques à leur découragement. Drouot ne désespéra jamais de la France ; il eut toujours cette vertu, si rare dans les armées, et que, faute d'une expression plus vraie, on désigne par les mots de courage civil.

* * *

VIII

Le 22 juin 1815, l'empereur Napoléon abdiqua pour le seconde fois et adressa une proclamation au peuple français. Le général Drouot fut nommé membre de la commission chargée d'examiner la question de l'abdication et la déclaration de Napoléon. Cette commission était composée des généraux Dejean, Andréossy, et de MM. Boissy d'Anglas et Thibaudeau.

Deux jours après, Drouot reçut du gouvernement provisoire le commandement de toute la garde impériale, arrivée sous les murs de Paris.

Ce commandement était plein de difficultés en présence des passions déchaînées. Au chef de cette garde, qui revenait de Waterloo meurtrie et humiliée, il fallait une grande sagesse unie à la plus inébranlable fermeté. Le soldat devait l'aimer et le respecter, mettre en lui sa confiance et lui obéir aveuglément. Drouot était prévenu à chaque instant que de graves désordres allaient éclater, et il accourait au bivouac calmer les esprits par de bonnes paroles. Il avait souvent à refouler, dans ces cœurs de soldats vieillis dans la garde, l'expesssion de sentiments qu'il comprenait, mais qu'il fallait étouffer dans l'intérêt de la patrie.

Cependant le général Drouot eut la pensée de refuser cette importante mission; car il voulait accompagner Napoléon à Sainte-Hélène, partager cette captivité sur un rocher solitaire. Il était entraîné d'un côté par la reconnaissance; d'un autre côté, il ne pouvait être sourd à l'appel de la France. Indécis, tourmenté, profondément affligé, Drouot se décide à servir son pays et à rejoindre ensuite son bienfaiteur à Sainte-Hélène.

Quelques mois avant sa mort, Drouot écrivait cette page : « Je regarde comme le premier de mes devoirs, dans les grandes circonstances, de me dévouer entièrement à ma patrie et de ne reculer devant aucun sacrifice personnel pour contribuer à son salut. Ce devoir me paraissait d'autant plus impérieux, que j'avais moi-même pris part aux événements qui avaient amené notre malheureuse situation : en conséquence, après avoir consulté l'empereur, qui applaudit à ma résolution, j'ai accepté le commandement qui m'était donné par le gouvernement, et je me suis séparé momentanément de mon bienfaiteur avec l'intention et l'espoir de le rejoindre aussitôt que la France sera sauvée ; les événements qui suivirent ont confondu mes plus chères espérances ; je n'ai eu ni la consolation d'adoucir la captivité de l'empereur ni le bonheur de mourir en combattant pour la délivrance de mon pays. »

Si Drouot regrettait de ne pas accompagner Napoléon, celui-ci éprouvait un véritable chagrin d'être séparé de l'homme qu'il honorait d'une estime particulière. « Drouot reste en France, disait l'empereur, je vois que le ministre de la guerre veut le conserver à son pays. Je ne peux pas m'en plaindre, mais c'est une grande perte pour moi ; c'est la tête la plus forte et le cœur le plus droit que j'aie rencontrés : cet homme est fait pour être premier ministre partout[1]. »

[1] *Mémoires du comte de Lavalette*, t. II.

Le général Drouot conduit la garde impériale à l'armée de la Loire. C'est là qu'il apprend la décision prise à son égard par le gouvernement : il sera arrêté et jugé par un conseil de guerre. On conseille à Drouot de passer à l'étranger. « Non, dit-il, je ne pourrais pas dormir sur l'oreiller d'un exilé ; si je dois être jugé, je me présenterai à mes juges ; la Providence est grande ! »

Après s'être présenté volontairement, le général Drouot fut enfermé dans la prison de l'Abbaye.

On lit, dans une notice historique placée en tête du procès du général, un détail intéressant. « Pendant son séjour à l'Abbaye, il n'interrompit pas un seul jour l'habitude qu'il avait de lire et d'étudier ; une foule de personnes se présentèrent pour le voir, il les pria de renoncer à leurs visites et décida qu'il ne recevrait personne passé l'heure de midi ; alors il n'était plus accessible que pour les prisonniers d'État, ses compagnons d'infortune, dont il était devenu le conseil et le consolateur. »

L'instruction du procès fut d'une lenteur désespérante. Emprisonné le 14 août 1815, le général ne parvint à être jugé que le 6 avril 1816. Ces huit mois de captivité précédant un acquittement donnent la mesure des épreuves que Drouot eut à subir.

Traduit devant le 1er conseil de guerre, le général choisit M. Girod (de l'Ain) pour défenseur. Le tribunal était ainsi composé : président, le général comte d'Anthouard; juges, messieurs les lieutenants généraux baron Rogniat et baron Taviel, le colonel marquis de Marcillac, le chef d'escadron vicomte de Pons, le comte Louis de Vergennes et Dutuis, capitaines d'infanterie; le capitaine Béraud de Ressius, procureur du roi; le chef de bataillon Delon, rapporteur, et M. Boudin, greffier.

Le général Drouot n'appela qu'un seul témoin à décharge, le maréchal Macdonald, duc de Tarente, dont la déposition fut un éloge admirable de la conduite de Drouot à l'armée de la Loire, des services qu'il avait rendus et des malheurs qu'il avait prévenus. Mais une foule de témoins à décharge se présentèrent spontanément et furent entendus. Leurs dépositions avaient pour but de prouver que le général désapprouvait hautement le projet de l'empereur lorsqu'il voulut quitter l'île d'Elbe. Le rapporteur demanda lui-même l'acquittement. Lorsqu'il eut cessé de parler, le général Drouot se leva et prononça un discours qui produisit sur les juges un prodigieux effet. Quand il fit entendre ces mots, le président ne put s'empêcher de faire un signe de tête affirmatif : « Depuis le 20 mars, je n'ai reçu ni grades ni décorations; Napoléon savait que je ne voulais ni honneurs ni richesses, que tous mes vœux se bornaient à rentrer dans l'obscurité et à vivre dans la retraite. »

Après la brillante plaidoirie de M. Girod (de

l'Ain), le jugement fut proclamé. Le tribunal déclara à la majorité suffisante de trois voix contre quatre[1] que le général Drouot n'était pas coupable.

Drouot avait été ramené dans sa prison avant le prononcé du jugement. L'avocat se rendit

Le carré de la garde à Waterloo.

à l'Abbaye avec un empressement facile à comprendre. Le général Drouot dormait d'un profond sommeil.

Le 7 avril 1816, à huit heures du matin, le général Drouot sortit de sa prison.

Dans la soirée du même jour, le roi Louis XVIII fit appeler Drouot au palais des Tuileries. Le

[1] Article 31, loi du 5 brumaire an V.

prince le reçut avec une bonté paternelle, lui parla de son dévouement à l'empereur, et lui dit que l'ordre était donné de ne pas en appeler du jugement.

L'un des compatriotes du général a dit : « Drouot descendit les marches des Tuileries d'un pas ferme et grave. »

Ces quelques mots ne nous semblent pas exprimer les sentiments de Drouot après cette entrevue avec le roi. Le grand cœur du général dut être profondément touché de l'intérêt que témoignait à un adversaire le souverain dont les blessures saignaient encore. L'irritation régnait un peu partout, et la cour du roi n'en était pas exempte. Aussi la conduite du monarque envers Drouot est-elle pleine de grandeur et de majestueuse clémence. Drouot le comprit, et jamais il ne parla du roi qu'avec un profond respect.

Peu de jours après, le général Drouot se rendait à Nancy, mais avec l'intention de se fixer à la campagne. Il voulait une simple maison des champs, non loin d'un pauvre village de la Lorraine. Dans une lettre adressée à un ami d'enfance, Drouot le charge de lui trouver cette retraite, dont il donne la description : « Je ne suis qu'un petit bourgeois pour le reste de mes jours. J'ai quarante-deux ans; il me faut donc de l'espace pour aller et venir. Le jardin me donnera quelques fruits et des fleurs que je cultiverai moi-même. J'ai entendu trop de bruit dans ma vie pour ne pas désirer le silence, et je redoute les foules agitées. En fait de réunion, je n'en veux chercher qu'à l'église du village. Il serait bon qu'il y eût une écurie dans la cour, parce que, si je suis assez riche, j'aurai un cheval pour me promener dans les bois et aller visiter les malades et les pauvres gens dans les hameaux du voisinage. Quant à la maison, il est à désirer que j'y trouve un petit salon, salle à manger, chambre à coucher et cabinet de travail; un emplacement pour bibliothèque ne serait pas de trop. Je voudrais aussi deux chambres à l'usage des amis qui viendraient me voir. Je trouverai sans doute quelque ancien soldat qui consentira à soigner ma maison et mon cheval. S'il le faut, je me donnerai le luxe d'une vieille Lorraine pour le linge et la cuisine. Songez que je veux dépenser le moins possible, car j'ai le projet bien arrêté d'aller rejoindre Napoléon à Sainte-Hélène; mais il faut lui écrire pour obtenir son agrément et me mettre en règle avec le gouvernement du roi, auquel je dois respect et reconnaissance. »

Les habitants de Nancy prièrent et supplièrent le général de demeurer parmi eux. Il trouvait dans la ville d'anciens compagnons d'armes qui l'aimaient et le vénéraient; puis l'espoir de partir bientôt pour Sainte-Hélène s'empara de lui, et peu à peu son projet de campagne s'affaiblit sans s'évanouir complètement.

Sa première visite, en arrivant à Nancy, fut pour la modeste maison de son père. Il y demeura longtemps, et il en sortit en essuyant une larme.

Le général Evain, ami intime de Drouot, officier d'artillerie comme lui, son compagnon d'armes, témoin de sa vie, écrivait à M. Jules Nollet, de Nancy, qui se proposait de publier la biographie du général :

« Dans l'administration de sa compagnie, dans la direction des manufactures d'armes de Maubeuge et de Charleville, dans la direction du parc d'artillerie en Espagne, dans l'administration du régiment d'artillerie à pied de la garde impériale, dans le gouvernement de l'île d'Elbe, dans le commandement en chef de toute la garde impériale, Antoine Drouot fit toujours preuve de la plus haute capacité, d'un grand amour de l'ordre, d'une probité à toute épreuve et du plus grand dévouement à ses devoirs.

« C'était l'officier modèle que le général Gassendi aimait à nommer et qui avait obtenu toute son estime, ainsi que celle des généraux Éblé, Lariboisière, Senarmont et Marmont, qui l'avaient eu sous leurs ordres et qui en ont tous fait le plus bel éloge sous tous les rapports. »

IX

Dans les derniers jours du mois de juin 1816, le docteur O'Méara, qui était près de Napoléon à Sainte-Hélène, lui apprit l'acquittement du général Drouot. Le docteur s'exprime ainsi : « Je lui dis (à Napoléon) que Drouot avait été acquitté ; il me parut très satisfait ; il parla dans les termes les plus flatteurs des talents et des vertus de Drouot, et fit observer que, d'après les lois françaises, il ne pouvait être puni pour sa conduite. »

Ce nom est une occasion naturelle de faire connaître l'opinion de Napoléon Ier sur le général Drouot :

« J'élève au plus haut point les talents et les facultés du général Drouot. J'ai des raisons suffisantes pour le croire supérieur à bien des maréchaux, et je n'hésite pas à le croire capable de commander à cent mille hommes. Peut-être ne s'en doute-t-il pas lui-même ; ce qui ne ferait en lui qu'une qualité de plus. » (Mémoires.)

« Drouot est un homme qui vivrait aussi satisfait, pour ce qui le concerne personnellement, avec quarante sous par jour qu'avec les revenus d'un souverain. Plein de charité et de religion, sa morale, sa probité et sa simplicité lui eussent fait honneur dans les plus beaux jours de la république romaine. » (O'Méara.)

« Il n'existait pas deux officiers dans le monde pareils à Murat pour la cavalerie et à Drouot pour l'artillerie. » (O'Méara.)

« L'empereur pensait que l'on ne pouvait pas condamner le général Drouot pour être venu à la suite d'un souverain reconnu, faisant la guerre à un autre : ce serait condamner l'émigration et légitimer les jugements contre les émigrés... Du reste, le cas de Drouot était bien différent de celui de Ney, et il y avait en Ney une vacillation malheureuse qu'on ne retrouvait pas dans Drouot. Aussi l'intérêt qu'on avait porté à Ney ne tenait-il qu'à l'opinion : celui qu'inspirait Drouot tenait à la personne. » (Mémorial.)

Le général Drouot abandonna donc la carrière des armes à l'âge de quarante-deux ans, après avoir servi pendant vingt-deux ans et fait quinze campagnes de guerre.

Depuis 1816 jusqu'en 1847, c'est-à-dire pendant l'espace de trente et un ans, le général vécut au milieu de ses concitoyens. La seconde partie de son existence est donc plus étendue que la première, quoique moins éclatante; sa vie est toujours utile à son pays. La carrière militaire a été brillante, la carrière civile sera magnifiquement simple.

Avant d'en entreprendre le récit, arrêtons-nous un instant et jetons les yeux autour de nous.

Lorsque le général Drouot déposa son épée, le roi de France était Louis XVIII. Ce souverain avait donné au général des témoignages de son estime particulière, et Drouot en conservait une profonde reconnaissance. Charles X, successeur de Louis XVIII, eut pour Drouot les mêmes sentiments que son auguste frère. Le général, tout en se réfugiant dans la retraite, respectait et honorait les deux souverains. Jamais une parole de blâme ne s'échappa des lèvres de Drouot, et amais une pensée hostile ne trouva place dans son cœur. Cela est si vrai, que les adversaires de la restauration, hardis jusqu'à l'audace, **ne** vinrent jamais frapper à la porte de Drouot. On le savait trop éclairé pour croire un seul instant aux promesses d'un libéralisme trompeur, on le savait trop loyal pour espérer de lui le moindre encouragement.

Cependant la révolution de juillet 1830 vint parfois troubler la retraite du général Drouot. En entendant son nom répété par la foule, quelques personnes ont pensé que le vieux soldat avait abandonné les sévères principes de toute sa vie.

L'un de ses biographes a méconnu, ce **nous** semble, le véritable caractère de Drouot. Après avoir rendu justice à l'homme de guerre, il lui prête d'étranges sentiments en 1830. Il est vrai que la biographie publiée en 1850 a été conçue longtemps avant, lorsque régnaient encore les illusions du parlementarisme.

L'auteur de la biographie, inspiré d'ailleurs par d'excellentes intentions, a fait du général Drouot une sorte de garde national prenant sa part des parades de l'époque et s'associant aux puériles manifestations d'une bourgeoisie affolée.

Cette fausse image du général Drouot a survécu aux événements, et l'on nous montre encore un vieillard vénérable, déguisé en lieutenant de la garde nationale de Nancy.

Il importe de rétablir la vérité. Oui, le général Drouot sortit de sa retraite en 1830, pour quelques jours seulement et en de rares circonstances, afin d'arrêter sur la pente révolutionnaire ses concitoyens troublés par les événements. Il les protégea contre leurs propres excès, par son nom, par sa parole et par son exemple.

Jamais cependant une critique blessante pour la dynastie déchue ne s'échappa de sa bouche. Jamais il ne parla qu'au nom de l'ordre. Lorsqu'il vit l'indiscipline se glisser dans les rangs de l'armée, le vieux soldat s'indigna. Il alla dans les villes de Metz, de Toul, de Pont-à-Mousson, calmer les sous-officiers que l'on excitait contre l'autorité. Il retrouva dans son cœur toutes les nobles pensées de sa jeunesse militaire ; il eut de sévères apostrophes pour les conspirateurs, et rappela les grands principes d'obéissance qui soutiennent les nations aussi bien que les armées.

Celui qui trace cette page était alors un bien jeune officier du 10e dragons, en garnison à Toul. Il eut l'honneur d'y voir et d'y entendre le général Drouot, qui n'avait pas encore soixante ans et qui parlait comme s'il avait été au premier temps du service militaire, au temps des glorieuses pensées, des chaleureuses paroles et des gestes énergiques.

Dès le mois d'août 1830, un grand nombre d'officiers, provenant de la maison du roi et de la garde, que le gouvernement venait de licencier, arrivaient dans les corps. Il fallait entendre le général Drouot leur souhaiter la bienvenue, leur donner des louanges pour leur dévouement, leur montrer la France chancelante qui aurait peut-être besoin de leur épée.

Sans doute il avait revu avec bonheur le drapeau de sa jeunesse; mais toute sa joie s'était renfermée dans ce souvenir. Lui qui gémissait encore du retour de l'île d'Elbe, aurait-il pu applaudir au retour de la révolution? C'était elle, en effet, qui secouait ses piques. Le vulgaire s'y trompait, mais un homme tel que Drouot pressentait les malheurs à venir.

Le biographe du général Drouot ne l'a donc pas compris lorsqu'il le montre partisan de la révolution de juillet 1830. Cet écrivain ignorait sans doute que tout homme d'épée qui a exercé l'autorité et fait agir les masses, est toujours l'ennemi des révolutions qui prêchent la révolte et l'indiscipline. Pourquoi d'ailleurs Drouot eût-il été l'ennemi de la branche aînée des Bourbons? Avait-il eu à s'en plaindre? Bien loin de là, il avait trouvé dans le gouvernement de la restauration une sécurité complète et une flatteuse estime. Il n'était pas au nombre de ses serviteurs et de ses adulateurs, parce que la reconnaissance le liait à ses premiers serments. Il ne fut pas non plus le serviteur ni le flatteur du nouveau gouvernement, qui vint cependant au-devant de lui, parce que le nom de Drouot était une force et une grande puissance.

D'ailleurs, Drouot n'était pas un homme politique, mais un grand capitaine et un grand citoyen. S'il prit l'uniforme de la garde nationale, ce fut pour imprimer à cette institution, naturellement dissolvante, un caractère conservateur.

Il ne fut pas compris. La chose lui importait peu. Mais l'histoire a des susceptibilités qu'il ne faut pas méconnaître, et ce serait blesser la vérité historique, ce serait amoindrir une belle figure, que de mêler Drouot à cette foule aveugle et bruyante, qui, sans le savoir, précipitait la France vers les abîmes.

Maintenant que nos réserves sont faites, nous allons suivre le général Drouot dans sa retraite.

En arrivant à Nancy, il fit choix d'une modeste maison avec jardin, maison silencieuse où l'on pouvait prier et travailler.

Jusqu'alors il s'était occupé d'artillerie, son esprit s'était renfermé dans les études militaires, il ne voulut pas brusquer la transition et demeura dans le domaine de la science des armées. Il se mit à la fortification et aux constructions. Depuis 1816 jusqu'en 1820, il composa une foule de mémoires sur la défense des frontières de France. Il allait voir lui-même les pays, afin d'en connaître les côtés forts et les côtés faibles.

Chose singulière, Drouot ne recevait aucun traitement. En 1820 seulement, le roi Louis XVIII lui fit offrir, par le ministre de la guerre, de le comprendre au nombre des lieutenants généraux en disponibilité. Drouot répondit que, son intention étant de rejoindre l'empereur, la position de disponibilité pourrait, d'un jour à l'autre, le faire rappeler à l'activité, et que l'indépendance lui était nécessaire pour son grand voyage à Sainte-Hélène.

Le général de Latour-Maubourg, ministre de la guerre, fit connaître la détermination de Drouot.

Le roi apprit en même temps que Drouot sollicitait sa retraite, parce qu'il vivait dans la gêne. Louis XVIII, ému de cette situation, ordonna qu'un rappel fût fait au général pour les cinq années qui venaient de s'écouler. La somme se montait à soixante mille francs.

Lorsque le général Drouot reçut la décision

royale, il écrivit au roi qu'il était profondément reconnaissant, mais qu'il n'avait rendu aucun service à l'État, et qu'ayant cessé d'être inscrit sur les contrôles de l'armée, il ne se considérait pas comme figurant au budget. En terminant, Drouot priait le roi de faire liquider sa pension de retraite du jour seulement qu'il en faisait la demande : « La France n'est pas encore assez heureuse, pour qu'un soldat lui prenne soixante mille francs. »

Après avoir lu la lettre de Drouot, que lui présentait le général de Latour-Maubourg, le roi dit au ministre : « J'admire un si beau désintéressement, qui ne fait qu'ajouter à la profonde estime que j'ai pour le général Drouot. Je ne trouverais pas le pareil dans mon royaume. »

Les formalités administratives et les lenteurs bureaucratiques mirent un tel retard, que, malgré la volonté du roi, la pension de retraite de Drouot ne fut liquidée que par ordonnance du 46 juillet 1824. Elle fut portée au chiffre de cinq mille quatre cent soixante-quinze francs (5475 fr.) et payable du jour où parut l'ordonnance.

Drouot écrivait à cette occasion : « Je n'ai point accepté le traitement de disponibilité qui me fut offert par la restauration. Mon refus a été dicté par la crainte de me voir rappelé à l'activité et de me trouver dans la nécessité de rentrer dans les emplois et les honneurs, lorsque mon bienfaiteur gémissait dans les fers sur un rocher de l'Atlantique. »

Après avoir consacré son temps à l'étude de la fortification, le général Drouot se livra aux études historiques. Il écrivit des mémoires sur les guerres de la république et de l'empire, et résuma les grands événements politiques modernes. Il mit à ces travaux une telle conscience, qu'on le vit parcourir les principaux champs de bataille et se mettre en relations suivies avec les généraux, les diplomates et les ministres qui avaient pris part aux traités. Par un singulier hasard, le général Drouot traitait les mêmes sujets qui, à Sainte-Hélène, donnaient naissance aux Mémoires de Napoléon Ier. Tout ce qu'avait écrit Drouot fut par lui-même livré aux flammes peu de temps avant sa mort. Nous devons déplorer cette perte. L'opinion d'un homme de bien, sur les événements politiques surtout, eût été précieuse à connaître.

Le général vivait à Nancy, recherchant la solitude, mais sans misanthropie. Il ne fuyait pas les hommes, mais était économe de son temps. Il n'aimait nullement les visites inspirées par la curiosité, et qui sans profit dévoraient ses heures. Il eût aimé la conversation lorsqu'elle régnait dans les salons modestes, mais il fuyait le bavardage, qui ne laisse après lui que lassitude et regrets.

Les habitants de la Lorraine, qui ne voyaient et n'entendaient le général que rarement, l'entourèrent d'une grande estime, mais ne surent jamais le comprendre. Ils savaient que la ville de Nancy

servait de retraite à un homme éminent, grand
général, esprit cultivé, distingué du maître, ver-
tueux et religieux ; mais ils ignoraient la valeur
réelle de leur compatriote. Il leur était difficile de
comprendre que cet officier, fils d'un boulanger,
était un homme de Plutarque. Autour du pauvre
officier tout s'agitait : l'un donnait des fêtes dans
sa brillante demeure, l'autre jouait un rôle politique ; on louait l'esprit brillant d'un littérateur
à la mode, ou les succès mondains de quelque
poète de salon ; qui donc se serait avisé de
s'arrêter dans sa marche rapide pour admirer
le pauvre officier retraité ? Il avait déposé son
brillant uniforme de général ; son épée demeurait suspendue à la muraille ; sa voix de commandement s'était éteinte, et devant sa porte
les sentinelles ne veillaient plus.

Le général Drouot vécut ainsi longtemps,
presque oublié par ses compatriotes et ses contemporains. De loin en loin, lorsqu'un nuage
assombrissait l'horizon, on se souvenait du vieux
capitaine pour lui demander conseil et protection. Mais ce ne fut qu'à sa mort que justice
lui fut rendue.

Celui qu'ils avaient fait lieutenant de la garde
nationale eut sa statue de bronze sur la place
publique.

X

Napoléon Ier a dit dans ses Mémoires : « Le travail est mon élément ; je suis né et construit pour le travail. J'ai connu les limites de mes jambes, j'ai connu les limites de mes yeux ; je n'ai jamais connu celles de mon travail. »

Le général Drouot pouvait parler ainsi ; il ne connut jamais les limites de son travail. Enfant, il travaillait à la lueur du four que son père allumait avant que la nuit fût finie. Vieillard infirme, brisé de fatigues et privé de la vue, il travaillait en écoutant une lecture ou en dictant des notes précieuses.

Bienheureux sont ceux auxquels Dieu a fait aimer le travail. Ils ont reçu de la main de Dieu ce présent céleste qui soutient et console. Drouot eut en partage ce trésor inépuisable. C'est par le travail qu'il sortit d'une condition souvent douloureuse ; c'est par le travail qu'il servit glorieusement la France ; c'est par le travail qu'il put vaincre les cruelles épreuves de ses derniers jours.

Dieu a dit à l'homme : « Tu gagneras ton pain à la sueur de ton front. » Mais, en ordonnant le travail, Dieu l'a pénétré d'un éternel parfum. En vérité, on peut dire que le travail est plein de charmes. C'est un ami, le plus fidèle de tous. Il nous suit pas à pas, et murmure à notre oreille des promesses que nous seuls pouvons entendre.

Au laboureur qui creuse son sillon, le travail promet une riche moisson; à l'écrivain qui compose son livre, le travail fait espérer une œuvre utile; le travail sourit à l'artiste pauvre et obscur qui se laisse aller au découragement, et, lorsque le travailleur a déposé son outil, bêche, plume ou pinceau, le travail n'abandonne pas le travailleur, il fait toujours entendre son doux murmure; la nuit il veille près du chevet, et le jour il répète sans cesse les plus belles promesses.

N'avez-vous jamais remarqué dans les champs un paysan qui caresse du regard une terre inculte en apparence? Il est immobile, et son visage exprime la joie. Ses yeux viennent de découvrir à la surface brune du sol d'imperceptibles pointes vertes, qui seront les épis de la moisson future. C'est le travail qui sourit à ce paysan et lui parle le langage de la nature, langage divin qui s'élève des buissons d'aubépine, des prairies et des grands bois, langage que murmure le ruisseau et que l'alouette emporte dans les airs.

N'avez-vous jamais rencontré, dans la foule distraite, un homme au front pensif, au regard fixe, aux lèvres frémissantes? C'est un savant, un artiste peut-être qui poursuit son travail. Vous le croyez seul, et peut-être le plaignez-vous de cet isolement. Non, il n'est pas seul, un ami fidèle l'accompagne, et cet ami se nomme le travail. Il fait résonner toutes les cordes de son âme, il réchauffe son cœur, il éclaire sa pensée d'une lumière éblouissante.

Nulle souffrance, nul chagrin, nulle disgrâce, ne sauraient résister à la puissance du travail. Par lui seul l'homme devient fort, car le travail est une lutte d'où les corps ou les esprits sortent avec une vie nouvelle. On a vu le prisonnier oublier ses fers en se réfugiant dans le travail ; on a vu le vice remplacé par la vertu au souffle du travail ; et, lorsque le travail frappe à la porte qui s'ouvre devant lui, il chasse la misère du logis.

Le général Drouot avait, dans les batailles, donné d'héroïques exemples ; près du souverain, il s'était montré fidèle et désintéressé. La cour de l'empereur s'était inclinée devant sa vertu. Eh bien, il fit plus dans sa retraite lorsqu'il honora le travail.

Il se levait avant le jour pour travailler à la lueur d'une lampe ; le soir, il veillait entouré de ses livres. Les ambitions humaines, les haines et les amours, les espoirs et les regrets, passaient sans l'atteindre, parce que le travail le protégeait. Une idée qu'il poursuivait lui aurait fait oublier tout, excepté l'église et les pauvres.

Il poursuivait ainsi sa route sans détourner la

tête, n'ayant nul souci de l'opinion et ne s'arrachant au travail que pour rendre service.

Cette époque de la vie de Drouot a-t-elle été utile à son pays? Ceux qui connaissent Nancy ne sauraient en douter. Dans cette ville, capitale de la Lorraine, ville charmante et hospitalière, le travail est en honneur. Les esprits les plus cultivés ne sont pas rares dans les salons, tandis que les ateliers sont peuplés de véritables artistes aussi intelligents que laborieux. Le travail est partout en honneur, parce que Drouot a donné un noble exemple.

Par le bon emploi du temps, le général trouvait les heures du repos après les heures du travail.

Pour lui le repos n'était pas l'oisiveté, mais les promenades sur la montagne ou dans la plaine. Tant qu'il en eut la force, il montait à cheval en compagnie d'un ancien compagnon d'armes, le capitaine Collin. Celui-ci écrivait le 10 avril 1847 : « Un jour, le général me fait demander de partir plus tôt que d'habitude; c'était en juin. Nous gagnâmes rapidement un petit bois qui couronne Dommartemont; alors, s'arrêtant : « Eh bien! mon vieux camarade, me dit-il, il y a quatre jours, vous le savez, mes passeports étaient enfin arrivés... Encore une semaine, et j'étais en route pour Sainte-Hélène... Mais il est mort, et je n'ai pu le revoir!... »

En prononçant ces mots, Drouot versait des larmes.

Avant de mourir, Napoléon avait pensé à Drouot. Dans son testament, écrit le 15 avril 1821, il léguait 100,000 francs au général Drouot. Le 24 avril, lorsque sa fin approchait, Napoléon dictait ses dernières volontés : « Nous nommons le comte de Las Cases, et à son défaut son fils, et à son défaut le général Drouot, trésorier. »

Dans un autre codicille, Napoléon lui donnait encore 100,000 francs. Il est bon de rappeler que, par suite des réductions de legs, Drouot n'eut que 60,000 francs.

Il nous semble inutile de rappeler qu'à peine arrivé à Nancy, le général Drouot fut admis dans la Société des sciences, lettres et arts de la ville. Il y fit un remarquable rapport sur l'histoire des légions polonaises. Peu de temps après, il composa un travail sur la législation concernant les brevets d'invention.

Le duc d'Orléans, qui devait régner sous le nom de Louis-Philippe, voulut, en 1823, nommer le général Drouot gouverneur de ses enfants. Le prince désirait que l'éducation de ses fils fût faite par le *Sage de la grande armée*. Drouot crut devoir s'excuser, « dans l'intérêt politique du duc d'Orléans. Un ancien aide de camp de l'empereur, un soldat de l'île d'Elbe, ne pouvait pas accepter cette honorable mission, pour laquelle d'ailleurs il n'avait pas les qualités nécessaires. »

Drouot n'attirait pas les regards des princes

seulement. Ses concitoyens lui offrirent la députation, mais le général ne voulut pas sortir de sa retraite.

Il écrivit à cette occasion une lettre remarquable à l'un des députés du département. Cette lettre est comme la profession de foi de tout honnête homme ayant mission de représenter ses concitoyens. La lettre est datée de Nancy le 12 décembre 1827. Écrite depuis plus d'un demi-siècle, cette lettre pourrait encore aujourd'hui, après trois révolutions, servir de modèle aux hommes politiques :

« Monsieur,

« Vous désirez avoir mon avis sur la conduite
« que vous devez tenir pour bien remplir les
« fonctions qui viennent de vous être confiées;
« je m'empresse de répondre à la confiance dont
« vous voulez bien m'honorer, en vous exposant
« les principes qui, selon moi, doivent diriger un
« bon et loyal député.

« 1º Vous serez fidèle au roi et à la charte :
« votre fidélité inviolable à l'un et à l'autre peut
« seule assurer la tranquillité et le bonheur de
« la France.

« 2º Mandataire du peuple, vous défendrez
« avec intrépidité les libertés publiques; mais
« vous n'oublierez point que le gouvernement a

« besoin de force et de considération pour se faire
« respecter au dehors, pour inspirer dans l'inté-
« rieur la confiance et l'amour, et pour diriger
« avec succès les rouages d'une vaste administra-
« tion; vous regarderez donc comme un devoir
« sacré de défendre la majesté du trône et de
« conserver avec un respect religieux les droits
« et les prérogatives de la couronne.

« 3º Vous voterez avec les ministres, quand
« leurs propositions vous paraîtront utiles à la
« France; mais vous voterez contre les mesures
« qui porteraient la moindre atteinte à la charte,
« à la justice ou à la morale publique; vous
« repousserez avec indignation tout ce qui pour-
« rait altérer et corrompre le noble caractère
« d'une nation franche, loyale et généreuse.

« 4º Vous ferez honorer la religion et les
« ministres des autels, qui suivent avec humilité
« les préceptes de notre divin Maître.

. . . .

« 5º Vous proposerez toutes les économies qui
« vous paraîtront compatibles avec la justice,
« l'intérêt et la dignité de la France. C'est dans
« les années de calme et de repos qu'il faut dimi-
« nuer les dépenses, approvisionner les places et
« les arsenaux, et se préparer des ressources pour
« les temps difficiles. Si jamais la France était
« menacée dans son honneur et dans son indé-
« pendance, vous pourriez alors nous imposer les
« plus fortes charges. Nous serions prêts à sacri-

« fier nos biens et notre vie pour le salut de notre
« chère patrie.

« 6° Pendant la durée de vos fonctions, vous
« n'accepterez ni emploi ni faveur d'aucune
« espèce. Si vous avez bien rempli votre mandat,
« la reconnaissance de vos concitoyens sera pour
« vous la plus douce et la plus honorable des
« récompenses.

« Voilà, Monsieur, les principes qui, suivant
« moi, doivent guider un député; appuyé sur
« ces principes, vous marcherez d'un pas assuré
« dans la carrière honorable que vos concitoyens
« viennent d'ouvrir devant vous. Étranger aux
« factions, aux partis, aux coteries, vous n'aurez
« d'autre passion que l'amour du bien public,
« d'autre ambition que d'assurer le repos de la
« France, son bonheur et sa prospérité.

« Vous regrettez que je ne sois pas admissible
« à la chambre des députés; je ne puis, en
« effet, prétendre à cet honneur, puisque je ne
« paye pas le cens voulu par la loi; vous savez
« d'ailleurs que l'état de ma santé me met
« dans l'impossibilité de remplir des fonctions
« publiques. Plusieurs fois les électeurs de Nancy
« ont témoigné le regret de ne pouvoir m'hono-
« rer de leurs suffrages; les marques de con-
« fiance, d'estime et d'affection qu'ils m'ont don-
« nées dans toutes les circonstances, font la
« consolation de ma vie. »

XI

Des troubles d'une certaine gravité éclatèrent à Nancy lorsqu'on y apprit la révolution de juillet 1830. Les autorités civiles et militaires se réunirent à l'hôtel de ville ; le général de Pange, commandant le territoire et les troupes, fut invité à prendre la cocarde tricolore. Cette invitation ressemblait fort à un ordre. Le marquis de Pange s'abrita derrière son serment, et fit savoir qu'il sollicitait son remplacement. Cette déclaration loyale fut mal accueillie, et des menaces contre le général se firent entendre. Drouot dit alors : « M. de Pange a raison, et je ferai comme lui. J'ai pris la cocarde blanche en vertu d'une loi, et je ne la quitterai qu'en vertu d'une loi. Restez avec nous, général de Pange, et nous ne vous demanderons rien de nature à blesser votre délicatesse. »

Par son attitude énergique, ses paroles conciliantes, son exemple admirable, Drouot parvint à maintenir l'ordre. Tout malade qu'il fût, on le voyait à l'hôtel de ville nuit et jour, donnant aux autorités ce courage civil, rare en tout temps, surtout aux heures sinistres des révolutions.

La ville de Metz n'échappait pas à l'indiscipline qu'encourageait le nouveau gouvernement. Les régiments se mettaient en révolte pour satisfaire la fiévreuse ambition des sous-officiers.

Le nouveau roi voulut conjurer le péril, et, ne trouvant autour de lui que des hommes égarés par la passion politique, il appela le général Drouot pour lui confier le commandement supérieur des 3e et 5e divisions militaires.

Drouot reprit son vieil uniforme et partit pour Metz, le 5 août 1830. Nous n'avons point perdu le souvenir de cette journée, dont quarante-huit années nous séparent. Le général s'arrêta à Toul et à Pont-à-Mousson pour recevoir les corps d'officiers et parler aux sous-officiers. Les premiers étaient calmes, mais non sans inquiétude; le plus grand nombre songeaient à quitter le service. Les seconds, troublés par de perfides conseils, se croyaient appeler aux rôles brillants des Kléber, des Hoche et des Marceau. Le général Drouot parut appuyé sur le bras d'un aide de camp et soutenu par une sorte de béquille. Son visage exprimait la souffrance; son corps affaissé disait tous les efforts d'une âme vigoureuse. Il refusa les démissions des officiers au nom de la patrie, fit vibrer toutes les cordes de l'honneur, et plus d'un parmi nous sentit ses yeux voilés de larmes.

Aux sous-officiers Drouot montra la discipline méconnue, le devoir oublié et la dignité de l'armée compromise. Puis, relevant le front et retrouvant dans son cœur l'énergie d'autrefois, le vieux soldat s'écria : « Je suis votre père, indulgent aujourd'hui, mais sévère demain si vous oubliez la discipline. Croyez-moi, vous n'êtes quelque chose que par la discipline ; elle a fait la gloire de vos pères en 1815. »

Pendant son court séjour à Pont-à-Mousson, le général Drouot apprit que des émeutes d'un caractère grave troublaient la ville de Metz. La partie remuante de la population voulait obliger l'évêque à s'éloigner. Le palais de Monseigneur était entouré d'une foule menaçante, dont les cris effrayaient la bourgeoisie. La terreur se lisait sur tous les visages.

En entrant dans la ville de Metz, Drouot se fit conduire auprès de l'évêque, Mgr Besson. Le prélat dit au général que le peuple demandait la cathédrale pour servir aux élections ; le clergé refusait de livrer l'église aux réunions publiques. Drouot approuva la résolution de l'évêque. Les mesures militaires prises par le général, son influence morale, et, disons-le, son caractère personnel, l'estime dont il jouissait, contribuèrent au rétablissement de l'ordre.

La santé chancelante du général Drouot et son désir de rentrer dans la retraite lui firent bientôt abandonner le commandement qui lui était confié. Il revint donc à Nancy.

Ses concitoyens le nommèrent lieutenant dans la garde nationale.

Nous avons le regret de le dire, cette singulière nomination n'était pas digne du général Drouot. Que les autorités civiles et les chefs de la garde bourgeoise aient eu la pensée de ce déguisement presque ridicule, on le concevrait; mais qu'un grand général de l'armée ait consenti à ce puéril déguisement, il y a sujet de s'étonner.

Sans doute on ne demandait à Drouot que son influence morale; mais tenait-elle à cette épaulette de lieutenant? Un général est-il libre de renoncer ainsi au rang qu'il a conquis par ses travaux et ses services? N'a-t-il pas sa place inviolable dans la hiérarchie sociale aussi bien que dans la hiérarchie militaire? Peut-il sans danger descendre de son rang? Est-il permis de méconnaître les justes et légitimes susceptibilités de l'armée permanente, en transformant l'un de ses généraux en lieutenant de la garde nationale? N'est-il pas à craindre que cette garde nationale, frondeuse par nature, ne se considère comme supérieure à l'armée de ligne? Enfin le bon sens de tous n'était-il pas blessé à la vue de ce vieillard affublé d'une contre-épaulette, lui qui avait remporté des victoires?

Qu'il se trouve, un jour d'émeute, des généraux faisant le coup de feu dans les rangs de l'ordre, rien de mieux; ils combattent en simples soldats pour défendre la loi. Mais que dans les pacifiques revues du préfet ou du maire, un général de division de l'armée se déguise en lieutenant, ce n'est qu'un enfantillage.

Il faut aussi se préoccuper de l'esprit de la garde nationale. La modestie n'est pas son faible. Croit-on qu'il soit bon de lui présenter comme une vertu ce qui est en réalité le déclassement? Le général Drouot était classé dans la société française, il occupait le sommet de l'échelle; le placer aux derniers échelons, n'était-ce pas un acte révolutionnaire?

Nous éprouvons donc un sentiment douloureux en nous représentant le général Drouot transformé en lieutenant de la garde nationale, confondu dans les rangs de bourgeois, fort honnêtes d'ailleurs, écoutant les allocutions patriotiques de M. le maire ou les harangues de M. le préfet.

Il est vrai qu'à la suite des revues on acclamait le lieutenant Drouot; mais ces acclamations mêmes prouvaient que la mesure était forcée.

Il nous est impossible de ne pas reconnaître que la révolution de 1830 troubla pendant quelques jours l'esprit du général Drouot. Le libéralisme triomphait. Depuis 1815, il s'était présenté comme si généreux et si loyal, il avait séduit tant de cœurs et tant d'intelligences, que les échos de la tribune retentissaient encore de ses accents trompeurs. Les poètes chantaient ses bienfaits; les professeurs le montraient à la jeunesse enthousiasmée. Il était dans l'air que l'on respirait. On mêlait les gloires impériales d'Austerlitz et de Wagram aux souvenirs de Jemmapes et de Valmy. Les vieux généraux de l'empire se précipitaient dans les bras du nouveau roi en même temps que le général Lafayette.

Comment Drouot eût-il pu résister à ce torrent d'idées contraires qui entraînaient la raison nationale? Son erreur fut de courte durée. Sous les cris confus de la foule, il entendit la voix de la révolution.

Le roi Louis-Philippe nomma Drouot grand'-croix de la Légion d'honneur, le 18 octobre 1830. Le mois suivant, le général fut appelé au commandement de l'École polytechnique; mais l'état de sa santé ne lui permit pas d'accepter ce poste.

Le 19 novembre 1831, une ordonnance royale nomma Drouot pair de France. Il ne put siéger à cause de ses souffrances.

Au mois de juillet 1833, le général devint complètement aveugle. Il avait soixante ans.

Sa douleur fut grande lorsque sa main toucha ces livres chéris que ses yeux ne voyaient plus. Alors il pria. Que demanda-t-il à Dieu? Fut-ce la fin de ses maux?

Un vieux serviteur l'entendit prononcer ces paroles : « Mon Dieu! que votre volonté soit faite! »

Peu de jours après, une pieuse femme était la lectrice du général. Mlle Lacretelle venait chaque jour, par un mouvement de reconnaissance et d'admiration, faire la lecture qu'écoutait Drouot, écrire sous sa dictée, partager sa solitude, soutenir ses pas chancelants, entendre les douces paroles du vétéran.

Les journées se passaient ainsi, calmes sans tristesse, résignées sans amertume. La lectrice s'en tenait presque toujours aux livres d'histoire, aux voyages, aux mémoires contemporains. Les *Commentaires* de César furent commentés par le pauvre aveugle, puis il étudia les campagnes de Turenne et les guerres de Frédéric II. Saint Augustin le faisait songer des heures entières.

Le général inventa un pupitre à l'aide duquel il parvint à écrire. Il s'y exerça longtemps, et disait en souriant que c'était sa leçon d'écriture. Il parvint enfin à écrire couramment, et se plaisait à cet exercice.

Pendant l'été de l'année 1834, Drouot fut privé de l'usage de ses jambes; ses souffrances augmentèrent, et pendant longtemps il dut garder le lit.

Cet homme qui avait respiré la poudre des batailles, cet homme actif, infatigable, toujours au travail, était assis dans un lit, les bras croisés sur sa poitrine, la tête inclinée et les paupières closes. Il demeurait ainsi de longues heures, immobile et silencieux.

La voix douce et parfois tremblante d'une femme se faisait entendre. Aux passages les plus remarquables du livre, la lectrice s'arrêtait, attendant une observation; mais le vieillard se taisait. Sa pensée planait peut-être au-dessus de la terre; il se rapprochait de ce Dieu qui allait bientôt le rappeler à lui.

Lorsque le soleil brillait dans les cieux, le malade semblait caressé par ses rayons. Il les devinait et disait : « Donnez-moi ma part de soleil. » Ces jours-là il se montrait plus joyeux.

Pendant une de ces matinées, le général se fit apporter un sabre et une décoration de la Légion d'honneur; puis, après les avoir caressés de la main, il les envoya au musée de la ville. Le sabre était un don de l'empereur, un souvenir de la campagne d'Égypte; la croix avait reposé sur la poitrine de Napoléon avant de briller sur l'uniforme de Drouot.

<hr>

XII

En 1841, le gouvernement crut utile d'entourer Paris de fortifications permanentes. Les avis des ingénieurs étaient partagés. Le général Drouot fut consulté et répondit ainsi :

« Voici mon opinion sur les fortifications qui doivent entourer la capitale :

« Quatre systèmes sont en présence :

« 1º Forts extérieurs revêtus en maçonnerie casematée ;

« 2º Une enceinte continue, bastionnée, terrassée, avec escarpe revêtue en maçonnerie ;

« 3º Forts extérieurs protégés par une enceinte de sûreté, consistant en un mur crénelé, protégé et flanqué en quelques endroits par des bastions ;

« 4º Forts extérieurs protégés par une enceinte bastionnée, avec escarpe revêtue en maçonnerie.

« Voyons donc ces quatre systèmes :

« 1º Les forts extérieurs sont indispensables pour retenir l'ennemi loin de la ville, le forcer à disperser, sur un circuit d'une immense étendue, ses troupes et ses moyens d'attaque, et pour mettre la ville à l'abri de ses projectiles ; mais les forts n'atteindraient pas le but qu'on se propose, s'ils n'étaient protégés en arrière par une enceinte fortement constituée. En effet, si les corps ennemis passaient pas les intervalles des forts, pour venir insulter le mur d'octroi et menacer la ville, on verrait en peu de temps s'anéantir toute la défense extérieure ; et les forts, dans la crainte de compromettre les grands intérêts que renferme Paris, capituleraient longtemps avant l'épuisement de leurs moyens de résistance.

« L'histoire ne nous apprend-elle pas qu'il faut rarement compter sur la vigueur et l'énergie des hommes lorsqu'ils peuvent se déguiser à eux-mêmes leur faiblesse et leur timidité sous des prétextes plausibles d'intérêt public?

« 2º Enceinte continue, bastionnée et revêtue.

« Cette enceinte ne suffirait pas si elle était seule pour garantir la sûreté de la capitale. En effet, dès les premiers jours de son apparition, l'ennemi parviendrait à des positions que les forts extérieurs ne lui permettraient d'occuper qu'après une grande perte d'hommes et de temps, et après l'épuisement presque total de ses moyens d'attaque. Dès l'établissement des premières batteries, les faubourgs seraient exposés à tous les ravages des projectiles de l'assiégeant.

3º Forts extérieurs protégés par une enceinte de sûreté.

« Les forts ne trouveraient pas dans cette enceinte une protection qui leur permît de faire une vigoureuse résistance; les corps ennemis pourraient s'avancer par les intervalles des forts, jusqu'à une petite distance de l'enceinte de sûreté, y établir des batteries que le travail d'une seule nuit pourrait masquer et couvrir suffisamment, causer du dommage à cette enceinte et jeter l'effroi et l'inquiétude dans toute la ville. La crainte ne manquerait pas d'exagérer l'effet de ces batteries; la défense en serait paralysée, et bientôt on songerait à capituler.

« Vous me parlez de Smolensk; mais il n'y a aucune parité entre ce qui se passa à Smolensk et ce qui aurait lieu devant l'enceinte de sûreté. Cette place était entourée par une muraille extrêmement épaisse, flanquée de tours qui étaient armées de canons.

« Nous avançâmes en rase campagne et en plein jour, et nous tirâmes presque toujours à grande distance; les réserves de douze de la garde impériale, que je dirigeais, ne s'occupèrent point de la muraille, et s'appliquèrent à éteindre le feu des pièces qui incommodaient les troupes en avant desquelles nous étions postés; quelques boulets perdus frappèrent seuls la muraille.

« 4° L'enceinte continue, bastionnée avec escarpe revêtue de maçonnerie, assure seule d'une manière efficace la défense extérieure et met la ville à l'abri de tout danger. Un corps ennemi aurait-il la témérité de passer entre les forts pour s'approcher de cette enceinte, il serait aussitôt foudroyé et réduit en poudre par les nombreuses pièces qu'on établirait sur tous les fronts qui auraient vue sur son mouvement.

« Le quatrième système réunit tous les avantages; il n'a d'autre inconvénient que d'occasionner une très grande dépense : il exigera, en effet, cent quarante millions. Mais cet argent sera placé à très gros intérêts.

« Une fois que la sûreté de Paris reposera sur un bon système de fortifications, on pourra diminuer sensiblement l'effectif de l'armée sur le pied de paix, ce qui procurera chaque année une économie qui excédera de beaucoup les sept millions qui représentent les intérêts du capital dépensé.

« Ma conviction des avantages de ce quatrième système est si profonde, que, si les travaux s'exécutaient par souscription, j'offrirais tout ce que je possède, y compris même ma pension de retraite ; et, comme il ne me resterait plus aucun moyen d'existence, j'irais passer le reste de mes jours à l'hospice des vieillards, où j'occuperais une des places que j'ai fondées en faveur de mes vieux soldats. Je serais heureux, au moment de descendre dans la tombe, d'avoir contribué à l'exécution d'une mesure qui assurera l'indépendance et la prospérité de mon pays. »

Le général Drouot servait donc encore la France dans sa retraite. Au milieu de ses souffrances, il retrouvait toute la force de son intelligence pour jeter une vive lumière sur les questions importantes.

L'opinion de Drouot fut adoptée. C'était celle qu'avaient exprimée Vauban et Napoléon Ier. Le général Haxo partageait son opinion, dont le dernier siège de Paris a confirmé la vérité.

Avec les forts détachés sans enceinte continue, nous aurions vu l'ennemi aux barrières de la ville le lendemain de son arrivée ; avec l'enceinte continue sans les forts, Paris eût été enlevé en deux jours. La combinaison des deux éléments définitifs est le véritable système. Seulement les progrès du tir de l'artillerie nous obligent à éloigner les forts détachés de l'enceinte continue.

XIII

Aveugle et pouvant à peine se soutenir, le général Drouot dut renoncer à quitter son logis. Il regrettait ses promenades dans la campagne; le grand air lui manquait, et ses membres s'engourdissaient sous l'impression du froid. Lui, qui avait bravé les glaces de la Bérésina, tremblait devant l'ardent foyer de sa petite chambre; alors il se faisait conduire dans son jardin. A droite et à gauche des allées, le général avait établi des fils de fer qui lui servaient de guides; d'une main il suivait la direction du fil, et de l'autre il s'appuyait sur son bâton.

Ce devait être un spectacle douloureux que celui du vieillard brisé par la guerre plus que par les ans, et dont l'intelligence, toujours puissante, se sentait emprisonnée dans un corps malade. Ah! s'il se trouvait un homme assez insensé pour douter de l'immortalité de l'âme, le spectacle de ce vieillard devrait frapper son esprit. Son corps n'est qu'un fardeau lourd à porter, et cependant l'existence de ce vieillard est aussi forte, aussi puissante que jamais. Il y a là un profond mystère que la pensée humaine ne peut sonder. Alors croyons; et, si nous avons la foi, nous verrons dans ces ruines une clarté céleste. C'est l'âme immortelle dans un corps fragile et passager.

Drouot le savait si bien, qu'aux heures les plus cruelles, lorsque sa tête, sa poitrine et ses membres étaient torturés par la souffrance, lorsque ses yeux, couverts d'un voile impénétrable, ne voyaient plus les rayons de la lumière, il croisait les mains, courbait le front et disait : « Que la volonté de Dieu soit faite! »

Lecteur de cette page, qui que vous soyez, riche ou pauvre, savant ou ignorant, jeune ou vieux, puissant ou faible, suspendez pour un instant votre lecture. Supposez-vous à la place du général Drouot. Vous êtes infirme, aveugle, accablé de souffrances; vous avez fait quelque bien, et la récompense vous semblait méritée. Mais non, c'est le malheur qui vous poursuit. Alors vous livrez votre cœur au désespoir.

Vous manquez de foi. Ce que vous nommez le malheur n'est que l'épreuve. Imitez Drouot, qui abandonnait son corps aux misères de la vie et conservait son âme pour un temps prochain.

Il y a, croyez-le bien, une sorte de mystérieux délice à s'appuyer sur l'âme tandis que le corps s'affaisse. Ceux qui visitaient le général

Drouot ont raconté que, lorsqu'il se croyait seul, ses mains tremblantes s'élevaient vers le ciel, ses lèvres murmuraient des paroles ardentes, les nuages de son front se dissipaient, et la joie rayonnait autour de sa bouche. Son âme était en fête et s'élançait vers Dieu; il oubliait le corps et les infirmités. Sur ce lit de douleur, le vieux soldat était plus grand, plus héroïque qu'aux champs de victoire, lorsque l'empereur le créait comte ou grand-officier de la Légion d'honneur.

Ce vieillard, dont l'agonie vous semble trop longue et trop cruelle, a donné de beaux et nobles exemples en passant sur la terre. Il a montré aux soldats le véritable courage, aux favoris des princes la fidélité, aux administrateurs le désintéressement et la probité; il a fait que les souverains ont estimé leurs sujets; à chacun de nous il a dévoilé les bienfaits du travail.

Eh bien! il a mieux fait que tout cela. Vous devinez, lecteur, que pour vous, pour nous, pour tous, le vieux soldat a placé un baume divin sur la souffrance. C'est là son œuvre par excellence.

Lorsque ma plume trace cette ligne à votre intention, lecteur ou lectrice, je suis récompensé si, à l'heure des épreuves, vous vous souvenez du général Drouot, le brave et le savant, dont le front s'inclinait devant Dieu.

Voulez-vous la preuve que le général Drouot

avait conscience de la part que Dieu lui faisait? Voici cette preuve. Dans les derniers temps de sa vie, le général disait souvent : « Je souffre beaucoup maintenant, j'ai de graves infirmités, et cependant si j'avais encore vingt ans à vivre, je demanderais à Dieu de recommencer les vingt dernières années de ma vie. »

Le 8 mai 1846, il écrivait à un vieil ami, le colonel Aubert : « Depuis vingt ans, mon cher colonel, je subis de bien rudes épreuves; mes infirmités ont commencé au mois de février 1826, et depuis treize ans elles ont été aggravées par une cécité complète. Pendant ces vingt années, j'ai supporté beaucoup de souffrances et de privations. Je ne m'en plains pas, parce que je n'ai jamais été privé des consolations qui adoucissent les maux et les misères de la vie. Souvent et surtout depuis cinq mois, j'ai cru que l'heure de la délivrance allait sonner; j'en éprouvais une indicible joie; j'étais heureux en pensant que dans quelques heures je recevrais dans un autre séjour le dédommagement des longues souffrances physiques et des peines morales non moins douloureuses que j'ai eu à supporter sur la terre. »

XIV

Le général Drouot pratiquait la charité tout naturellement. Il n'avait pas son budget des aumônes, il ne calculait même pas ses ressources : il donnait toujours, il donnait tout, mais avec discernement, cherchant les plus malheureux, les malades, les vieillards, les mères de famille et les enfants.

Il avait aussi à remplir ce qu'il nommait son *devoir*. Un vieux soldat infirme était-il sans ressources, Drouot lui servait une pension, laissant croire que le gouvernement donnait les secours. Voici un exemple du *devoir*.

On se souvient peut-être qu'à l'époque du procès du général, en 1816, le rapporteur du conseil de guerre, M. Delon, chef de bataillon d'infanterie, demanda l'acquittement de l'accusé. Le roi Louis XVIII était de cet avis, mais d'autres désiraient une condamnation. Ceux-là obtinrent la destitution du commandant Delon, qui avait été inspiré par sa conscience. Le général Drouot, apprenant que Delon était sans ressources, que sa carrière brisée le plaçait dans une situation fâcheuse, envoya au commandant trois billets de mille francs. Delon refusa et répondit qu'il travaillerait pour vivre, mais qu'il ne s'adresserait qu'à Drouot si la misère l'atteignait.

Le digne officier parvint à se placer et demeura hors de l'armée jusqu'en 1830. Admis bientôt à la retraite, il mourut laissant une famille dans la gêne. Le général Drouot chargea son notaire de placer une somme de sept mille deux cents francs sur la tête de Mme Delon, qui en toucha la rente viagère.

Drouot réparait les erreurs, les fautes, les oublis de l'autorité supérieure ; mais il agissait en secret, laissant ignorer aux intéressés, comme aux autres, la part qu'il prenait à ces mesures réparatrices.

Sa vie était solitaire ; il ne recevait ordinairement que son frère, ses neveux, sa lectrice et deux ou trois anciens amis d'enfance ou de l'armée. Il avait ses jours de retraite pour le recueillement, la méditation ou les pieux souvenirs. Dans ces moments-là, il s'enfermait et demeurait seul.

Nous avons dit que le général Drouot, admis à la retraite, touchait la somme de 5,475 francs ; il avait en outre 1,000 francs en qualité de donataire dépossédé et 5,000 francs comme grand'croix de la Légion d'honneur. Ses pensions se montaient donc à 11,475 francs.

Quoique infirme, aveugle, ayant besoin de soins continuels, le général ne se réservait que

2,400 francs par an. L'empereur lui avait laissé
200,000 francs par son testament ; il en toucha
60,000 seulement, qu'il distribua entièrement
aux vieux soldats indigents.

Drouot s'occupait de fondations au bureau de
bienfaisance de Nancy ; rappelons quelques-unes
de ces fondations.

Deux demi-bourses et un quart de bourse à
l'école normale primaire de Nancy, 438 fr. —
Pour secours aux instituteurs primaires et aux
veuves d'instituteurs, 162 fr. — Pour instruction des enfants aveugles ou des enfants sourds-
muets, 300 fr. — Pour apprentissage de métier
aux enfants pauvres du sexe masculin, 50 fr.
— Pour l'instruction professionnelle des filles
pauvres, 50 fr. — Pour les salles d'asile de l'enfance, 30 fr. — Pour le dépôt de mendicité,
300 fr. — Pour l'admission de jeunes filles dans
les asiles ouverts aux filles repentantes, 200 fr.
— Pour les aliénés ou secours aux familles qui
se trouvent dans le besoin à cause de l'aliénation
mentale de l'un de leurs membres, 150 fr.

Du 6 janvier 1844, une rente de 100 fr. en
faveur des jeunes filles admises à l'école normale,
et subsidiairement pour faire apprendre des
métiers à des enfants.

Du 1er avril 1845, une rente de 50 fr., dont
l'emploi doit avoir lieu comme il est énoncé
ci-dessus.

Du 4 avril 1846, une rente de 100 fr., dont

50 pour l'école normale de filles ou pour faire apprendre des métiers aux enfants du sexe masculin, et l'autre moitié destinée aux crèches ou à donner des secours à des mères qui ne pourraient pas remplir les devoirs de la maternité.

Du 8 juillet 1846, une rente de 70 fr., dont 40 sont affectés aux crèches et 30 aux aliénés.

Le général n'oubliait pas les hospices. Voici ses principales fondations :

Le 10 décembre 1831, une somme de 4,000 fr. pour un lit de vieillard à l'hospice Saint-Julien.

Le 8 mai 1832, une somme de 3,280 fr. pour un lit d'orphelin à l'hospice Saint-Stanislas.

Le 8 mai 1832, une donation de 600 fr., plus les intérêts de ladite somme accumulés depuis le jour de l'admission de chaque orphelin dans le lit fondé ci-dessus jusqu'à celui de son remplacement, formeront un fonds de réserve qui lui sera remis à l'époque de sa majorité ou de son mariage.

Le 19 septembre 1832, une somme de 4,000 fr. pour un lit de vieillard ou d'incurable à l'hospice Saint-Julien.

Le 7 janvier 1838, une somme de 5,500 fr. pour un lit de vieillard ou d'un incurable âgé de 15 ans au moins.

Le 3 octobre 1844, une rente annuelle de 150 fr. pour un lit d'orphelin à l'hospice Saint-Stanislas.

Le 4 février 1846, une rente annuelle de 30 fr. qui sera versée à la caisse d'épargne, tous les six mois, pour le compte de l'enfant qui occupera le lit fondé à l'hospice Saint-Stanislas.

Le 3 février 1835, fondation d'une place d'orphelin, moyennant une rente de 150 fr.

Ces citations peuvent donner une idée des œuvres charitables du général Drouot.

Pendant un hiver rigoureux on vint demander à Drouot des secours pour une famille malheureuse. Mais il n'avait plus d'argent. Ouvrant une armoire, le général aperçut son grand uniforme, qu'il conservait comme un précieux souvenir. Le général fit enlever les broderies d'or, afin de les vendre pour la pauvre famille. Un neveu de Drouot exprima des regrets; il aurait voulu, disait-il, transmettre à ses enfants comme une glorieuse relique cet uniforme bronzé par la poudre. « Mon neveu, répondit le général Drouot, je vous l'aurais donné volontiers; mais je craignais que vos enfants, en voyant l'uniforme de leur oncle, ne fussent tentés d'oublier ce qu'ils doivent se rappeler toujours, c'est qu'ils sont les petits-fils d'un boulanger. »

Depuis son admission dans la Légion d'honneur jusqu'à sa mort, le général distribua aux vieux soldats son traitement.

Lorsqu'il vit approcher sa fin, Drouot sembla rajeunir. Son visage rayonnait de joie, et sa parole retrouvait des accents presque joyeux. Il dit un jour à quelques personnes réunies dans sa chambre : « J'attends tous les jours la mort, et, puisque telle est la volonté de Dieu, je m'en réjouis, car je vais retrouver mon père et ma mère. Je suis bien faible, bien souffrant ; mais, si je savais mourir demain, je crois que je ferais encore un saut comme cela. » Et il élevait la main au-dessus du sol.

Un prêtre de Nancy exprimait un jour au général son étonnement de lui voir professer une aussi grande admiration pour l'empereur Napoléon. Le général répondit : « Monsieur le curé, je vais vous raconter une scène dont j'ai été témoin et qui vous fera comprendre ce que vous nommez mon admiration. Le soir d'une grande victoire, Napoléon recevait dans sa tente les félicitations de ses généraux. « Sire, dit l'un d'eux, c'est le jour le plus heureux de votre vie. — Non, s'écria l'empereur, non, général. » Un autre général prononça le nom de Montenotte ; un troisième rappela le 18 brumaire ; un autre, Marengo. « Non, » disait toujours Napoléon. Enfin deux ou trois maréchaux s'écrièrent : « Austerlitz ; le couronnement, la naissance du roi de Rome. — Non, Messieurs, » répéta l'empereur. Alors, d'une voix grave, il dit : « Le plus beau jour de ma vie a été le jour de ma première communion. »

Les généraux gardèrent le silence. Un seul sentit une larme glisser dans sa paupière ; c'était

Drouot. L'empereur s'approcha et lui tendit la main.

Les dernières lignes tracées par la main tremblante de Drouot sont celles-ci :

« Arrivé près du terme de ma carrière, j'attends en paix qu'il plaise au Seigneur de me rappeler à lui et de m'admettre, comme je l'espère, dans le séjour où seront récompensés ceux qui ont bien aimé et bien servi leur patrie. »

Le 24 mars 1847, le général Drouot mourut à l'âge de soixante-treize ans. La nuit qui précéda sa fin, le vieux capitaine avait reçu les secours de la religion. Le jour commençait à paraître, et la pendule sonnait six heures. Le vieillard prit le crucifix qui reposait sur sa poitrine, l'approcha de ses lèvres et ferma ses yeux depuis longtemps privés de la lumière.

Une grande existence venait de s'éteindre.

Le général avait exprimé le désir d'être enterré sans les honneurs militaires; il voulait la sépulture du pauvre.

Cependant de magnifiques funérailles lui furent faites.

Sa statue s'élève sur l'une des places publiques de Nancy; une autre est au musée de Versailles, et la ville de Paris a donné le nom de Drouot à l'une de ses principales rues.

Ces honneurs rendus à la mémoire du général Drouot font regretter la perte de ses manuscrits. L'infatigable travailleur avait abordé les sujets les plus divers. Depuis Vauban, aucun homme peut-être ne s'était consacré aussi complètement que Drouot à l'étude des problèmes d'économie politique.

XV

Le 25 mai 1847, deux mois après la mort du général Drouot, la cathédrale de Nancy réunissait une foule innombrable. Un frère prêcheur, Henri-Dominique Lacordaire, était en chaire. Il venait prononcer l'éloge funèbre, « sous la garde de Dieu, du très bon, très grand, très mémorable soldat et citoyen, Antoine Drouot, général d'artillerie, grand-croix de la Légiou d'honneur, commandant de la garde impériale, comte de l'empire et pair de France. »

En écrivant cette page, nous croyons entendre, après plus de trente années, la voix puissante de l'orateur. Ses accents résonnent dans notre âme, et nos yeux contemplent cet homme, faible en apparence, et que les larges plis de sa robe blanche font ressembler à ces personnages de la Bible, amis et serviteurs de Dieu. Le prêtre avait-il connu le soldat? Nous ne savons; mais il en parlait au milieu des Lorrains, et sa voix ne pouvait s'égarer.

Après avoir entendu cet éloge funèbre du général Drouot par le R. P. Lacordaire, il en faut rappeler quelques passages, dont les magnificences plongeront dans l'ombre nos pages, si indignes d'un tel sujet. Mais nous ne voulons qu'une chose, montrer le général Drouot à ceux qui demandent de bons exemples.

« Antoine Drouot était le troisième de douze enfants. Issu du peuple par des parents chrétiens, il vit de bonne heure dans la maison paternelle un spectacle qui ne lui permit de connaître ni l'envie d'un autre sort ni le regret d'une plus haute naissance; il y vit l'ordre, la paix, le contentement, une bonté qui savait partager avec de plus pauvres, une foi qui en rapportant tout à Dieu élevait tout jusqu'à lui, la simplicité, la générosité, la noblesse de l'âme, et il apprit, de la joie qu'il goûta lui-même au sein d'une position estimée si vulgaire, que tout devient bon pour l'homme quand il demande sa vie au travail et sa grandeur à la religion. »

Après le tableau de l'enfance, l'orateur chrétien nous montre Antoine Drouot sur les champs de bataille. Il dit de la campagne de Russie : « Les éléments s'étaient déclarés contre la France. Ces héroïques bandes qui, de Lisbonne à Moscou, des Pyramides à Berlin, n'avaient pu rencontrer de vainqueurs, s'étonnaient à la fin de sentir leur poitrine oppressée et leurs bras hésitants. La Providence avait fait un signe à la nature, et le cœur de ces hommes, hardis tant de fois à l'encontre de toutes les fortunes, se voyait pris de faiblesse pour la première fois. La science et le courage militaires ne suffisaient plus à les sauver; il y fallait une autre science, un autre courage. Pardonnez, Drouot, si nous parlons sur votre tombe des désastres de la patrie; vous vivant, nous n'eussions osé vous en rappeler le souvenir, ni pour vous plaindre ni pour vous louer. Votre âme en souffrait encore après trente ans; elle en comptait chaque année les douloureux anniversaires, et vous n'eussiez pas cru possible qu'on tirât de nos malheurs quoi que ce soit qui pût aller à votre gloire et la grandir. Pardonnez si tous nos respects vous survivent, excepté celui qui nous empêcherait de vous reconnaître tout entier. »

L'empereur revient de l'île d'Elbe, et Drouot, qui conseillait de préférer l'exil aux aventures, marche près de l'empereur. Le frère prêcheur fixe un profond regard sur le général Drouot; il voit ce qui se passait en son âme et devine qu'en cette circonstance la fidélité du soldat à son chef l'emportait sur les autres sentiments : « Figurez-vous que vous avez vécu dans l'amitié d'un prince, qu'il a dépouillé pour vous la plupart des rayons de la majesté, que vous avez touché sa main, mangé à sa table, vu dans son cœur; qu'il a été votre compagnon d'armes, et que côte à côte avec lui vous avez cheminé dans les hasards de la vie. Supposez qu'il ait conquis votre admiration par des qualités que la grandeur n'aura pas détruites en lui, et que même, par une exception du sort commun des rois, il ait appelé sur sa tête une couronne de gloire, plus belle que la couronne de sa naissance. Ajoutez qu'il soit devenu malheureux, que vous n'ayez plus rien à espérer de lui que des dangers, et qu'il réclame enfin votre foi comme le dernier asile de sa fortune périe. Rassemblez les traits dans votre esprit : c'était la position du général Drouot, l'invincible prestige qui pesait, au retour de l'île d'Elbe, sur son cœur si pur et si droit. Le mal, s'il y en avait, était pour lui l'honneur même ; et si plusieurs s'étonnent du soin que je prends à le justifier, c'est qu'il ne savent point tout ce que lui coûta cette cruelle position, et que d'en être sorti plus vénéré de tous, comme il en est sorti, est un des plus grands triomphes que l'âme d'un honnête homme ait jamais remportés sur les jugements du monde. »

Le général Drouot, acquitté par ses juges, vit dans la retraite et goûte enfin le repos. L'orateur chrétien contemple ce spectacle et s'écrie : « Rien n'est plus difficile, même aux hommes supérieurs, que de supporter le repos. Quand l'âme et le corps se sont habitués au travail solennel des grands événements, ils ne peuvent plus souffrir la simple et pacifique succession des jours. Cette paix froide leur est un tombeau. Ils regrettent le bruit, l'agitation, les alternatives des revers avec les succès, et toute cette tragédie des choses humaines où ils avaient naguère leur part et leur action. L'histoire ne compte qu'un très petit nombre d'hommes qui aient passé de la vie publique à la vie privée en conservant, avec la tranquille possession d'eux-mêmes, la plénitude de leur grandeur. La plupart se consument dans un ennui vulgaire ; d'autres demandent aux passions des sens l'oubli d'eux-mêmes et de leur dignité ; les plus élevés succombent au poison mystérieux du chagrin. A regarder les vicissitudes qui avaient enlevé le jeune Drouot de la boutique de son père, pour le porter au pied d'un trône et aux côtés d'un conquérant, il semble que nul plus que lui n'aurait dû éprouver dans l'affaissement subit de sa destinée le désespoir des souvenirs et l'impuissance de vivre avec foi. Qui avait vu davantage et plus vite ? Qui avait passé en moins de temps par plus de contrastes et d'émotions ? Il est vrai ; mais cette âme était plus grande encore que les événements dont la Providence lui avait donné le spectacle ; elle revenait, fortifiée et non pas abattue, donner elle-même au monde un spectacle capable de l'instruire et de le consoler... »

Rarement les voûtes de la cathédrale de Nancy ont retenti d'accents aussi magnifiques que ceux qui sortirent des lèvres du R. P. Lacordaire ; une émotion profonde s'empara de nous en entendant ces paroles :

« Quel était le mystérieux aliment de cette

vie auparavant si agitée et tout à coup si calme?
C'est le secret que je dois vous dire, sous peine
de ne vous avoir montré que le dehors de ce
grand homme et de trahir à la fois avec votre
admiration votre juste et sainte curiosité. Ouvrons
donc, il en est temps, ouvrons ce cœur dont
nous venons de suivre pendant un demi-siècle
les actes magnanimes et jamais démentis; péné-
trons jusqu'au sanctuaire et cherchons-y la
flamme où s'alluma toute cette généreuse vie.
Un triple amour en était l'incorruptible et
immortel foyer : l'amour des lettres, l'amour
des hommes, l'amour de Dieu.

« L'amour des lettres! Oh! faut-il que je sur-
prenne par là peut-être quelques-uns de mes audi-
teurs? Sommes-nous si loin déjà du temps où la
culture des lettres pour elles-mêmes était une passion distinctive de toutes les natures noblement
trempées? Le nombre va-t-il diminuant des esprits
délicats et sérieux, pour qui les lettres sont autre
chose qu'une vague réminiscence de la jeunesse
ou un vulgaire métier? Je n'ose le croire; je ne
me persuade pas, malgré des signes affligeants,
que nous penchions vers la décadence et que le
bataillon sacré des intelligences d'élite fuie chaque
jour, éclairci par des pertes qui ne se réparent
point. Le général Drouot avait appris dans les
laborieuses études de sa jeunesse cet amour
antique des lettres humaines. Un chef-d'œuvre
était pour lui un être vivant avec lequel il conver-

sait, un ami du soir qu'on admet aux plus familiers épanchements. Penser en lisant un vrai livre, le prendre, le poser sur la table, s'enivrer de son parfum, en aspirer la substance, c'était pour lui, comme pour toutes les âmes initiées aux jouissances de cet ordre, une naïve et pure volupté. Le temps coule dans ces charmants entretiens de la pensée avec une pensée supérieure ; les larmes viennent aux yeux ; on remercie Dieu, qui a été assez puissant et assez bon pour donner aux rapides effusions de l'esprit la durée de l'airain et la vie de la vérité. Ne vous demandez plus ce qui animait la solitude du vétéran de la grande armée et lui enlevait les heures que le cours de son âge lui apportait. Tandis que nous vivions dans le présent, il vivait dans tous les siècles ; tandis que nous vivions dans la région des intérêts, il vivait dans la sphère du beau. Vie rare et excellente, parce que le goût n'y suffit pas, mais qu'il y faut le cœur et la vertu. Ce n'est pas sans raison que les anciens l'appelaient du nom de culte, et comme on dit la religion de l'honneur, on pouvait dire aussi la religion des lettres. »

Il faudrait citer encore, citer toujours. Cette oraison funèbre d'un grand soldat, prononcée par un grand orateur de l'Église, devrait ôter aux écrivains profanes le désir de peindre la figure de Drouot. Mais l'esprit se soutiendrait-il longtemps à de telles hauteurs ? En est-il beaucoup parmi nous assez détachés des soins et des passions de la vie, pour planer dans ces régions du ciel où l'orateur chrétien, catholique et romain, demeure longtemps, soutenu par une invisible main et animé d'un souffle céleste?

Parlons donc aux hommes la langue du monde, suivons avec eux le chemin et les sentiers qu'ils parcourent sans crainte de s'égarer. Écoutons les paroles retentissantes qui s'élèvent de la chaire, mais poursuivons humblement notre tâche, et, sans illusions comme sans découragements, racontons encore ce que nous savons de la vie du général Drouot.

Cependant prêtons encore l'oreille à la voix du R. P. Lacordaire :

« Sans doute la nature du général Drouot était une nature admirablement douée; mais si droite, si bonne, si grande qu'elle fût de son fonds, elle n'aurait point atteint le degré de perfection où elle est parvenue sans un principe supérieur aux pensées et aux affections de la terre.

« Lui-même a confessé hautement qu'il devait tout à Dieu, non pas au Dieu abstrait de la raison, mais au Dieu des chrétiens manifesté dans toute l'histoire par un commerce positif avec le genre humain. La vie entière de l'homme est une révélation de ce Dieu bon et puissant qui n'a pas voulu nous donner d'autre fin que lui-même, et qui nous attire incessamment au propre centre de sa lumière et de sa félicité. Nous n'entendons

4*

pas tous du premier coup cette voix supérieure qui parle à notre conscience et l'appelle par tous les événements dont nous sommes les témoins et les acteurs. Longtemps nous lui résistons ; longtemps nous prenons l'ombre des choses pour leur corps, et l'éternelle réalité pour une chimère. Quelquefois la mort seule déchire le bandeau qui couvre nos yeux, et nous fait apparaître, au dernier moment de notre liberté, les rivages que nous avons fuis. Le général Drouot avait été plus heureux. Quoique enfant d'un siècle léger..., il avait sucé avec le lait de sa mère une foi qui avait été confirmée par la forte éducation du travail et de la pauvreté. Cette foi ne chancela pas un seul jour, et ne se cacha pas une seule fois. Sous la tente du soldat, comme dans l'orgueil du palais, Drouot fut publiquement chrétien. Ne vous persuadez même pas que la foi du général Drouot fût une foi qui ne s'élevât point jusqu'aux pratiques vulgaires de la religion. Il croyait à tout et il accomplissait tout. Vous l'avez entendu dire à l'empereur qu'*il ne désirait qu'une chose, qui était d'habiter sur la paroisse où il avait été baptisé*. L'idée de son baptême, par lequel il avait été fait enfant de Dieu, pénétrait son cœur d'un pieux souvenir, et l'église où il avait reçu ce sacrement de la vie véritable formait pour lui, avec tout son territoire, une patrie spirituelle qui ne lui était pas moins chère que la patrie temporelle. Il communiait plusieurs fois dans l'année, et l'on ne saurait dire avec quel respect militaire et filial il recevait dans sa solitude le Dieu qui avait réjoui sa jeunesse, protégé sa vie de soldat, et qui répandait sur la fin de ses jours une inénarrable consolation. La prière jaillissait de son cœur avec une onction dont le secret a été plus d'une fois surpris. Un jeune artiste, introduit furtivement dans sa chambre pour recueillir ses traits, vit l'illustre aveugle, qui se croyait seul avec Dieu, lever à plusieurs reprises ses mains vers le ciel, dans un épanchement religieux, attesté sur sa noble figure par l'illumination d'une pure et divine joie. Aussi, à la mort du sage, le peuple ne s'est pas trompé ; il est venu vénérer bien moins le héros que le chrétien, bien moins la vertu qui donne la gloire du monde que la vertu qui révèle et qui donne la gloire de Dieu. »

Après un éloquent appel au Dieu de Charlemagne et de Godefroy de Bouillon, qui avait montré à notre âge ce soldat homme de bien, le prêtre se tut.

Nous gardions tous le silence, écoutant toujours ; mais l'église était muette. Un habitant de la ville nous conduisit près d'une chapelle qu'affectionnait le général Drouot. Notre main s'appuya sur la chaise où le vétéran s'était souvent agenouillé. Il nous semblait que son ombre errait dans l'obscurité de cette chapelle, et le grand crucifix qui dominait l'autel nous parut éclairé d'un rayon lumineux. La nuit était venue, et nous allions nous retirer triste et pensif. Appuyé sur son bâton, un vieillard s'arrêta près de nous et s'agenouilla sur les dalles. Un ruban rouge tranchait sur la couleur sombre de son vêtement, et, sous les rides de son front, le courage se lisait encore. Des larmes glissaient le long des joues du vieillard, larmes touchantes qui tombent des yeux près de s'éteindre.

Je m'éloignai discrètement et m'arrêtai sous le portail de la cathédrale. Le vieillard sortit à son tour, et je le saluai. Surpris, il vint à moi comme à un ami. Je sus alors que le vieillard était un des vétérans de Wagram et de la Bérésina. Il avait vécu des bienfaits de son général, et maintenant il venait prier pour lui.

XVI

Sans remonter jusqu'aux croisades, nous trouvons plus d'une fois dans l'histoire le soldat fidèle à l'Église. Mais, avant Drouot, il n'était pas apparu sous cet aspect un peu sérieux pour les camps. Lahire, le compagnon de Jeanne d'Arc, le rude capitaine de Charles VII, le héros chrétien du xve siècle, confondait trop souvent le courage

avec la cruauté. Bayart, le chevalier sans peur et
sans reproche, le héros de Marignan, le vainqueur

Turenne.

d'Agnadel, était loin de posséder les vertus de
Drouot : la résignation et l'humilité chrétiennes.
Il ignorait que le courage et la charité ne sont

pas inséparables. Ces hommes des siècles passés
avaient l'orgueil de la cuirasse. Ils baisaient la
croix à la condition qu'elle fût à la poignée de
leur épée.

Drouot n'est pas semblable aux *cavaliers* de
Charles Ier et de Charles II, qui combattaient les
têtes rondes de Cromwell au nom de l'Église
catholique. Il est aussi loin du ligueur ami
d'Henri de Guise et jurant haine aux hérétiques.
Tous ces gens de guerre portaient fièrement le
front, et leur parole hautaine semblait peu faite
pour la prière. Ceux qui vinrent après eux,
depuis Henri IV jusqu'à la révolution française,
se plaisaient aux prouesses, aux estocades, et
trop souvent la religion se sentait blessée par
ceux-là mêmes qui devaient la défendre. Les gen-
tilshommes avaient leur morale hautaine, indé-
pendante et joyeuse. L'honneur n'était pas aussi
sérieux que de nos jours, et de grands cœurs tels
que Turenne et Condé n'avaient pas sur la fidélité
les idées de Drouot. Celui-ci ne fût point passé
aux Espagnols avec le vainqueur de Rocroy, et
n'eût pas, comme le héros de Nordlingen, obéi
aux intrigues de la duchesse de Longueville.

Le général Drouot est le seul de sa race. Il
suivait une route que nul n'avait parcourue
avant lui. Peut-être, avec une grande attention,
trouverait-on, en avant de Drouot, un autre officier, obscur, pauvre et souffrant, mais grand
par le cœur et par l'intelligence. Nous voulons

parler de Vauvenargues. Celui-là semblerait digne de servir d'émule à Drouot. Tous deux sont de véritables chrétiens.

Après avoir suivi Antoine Drouot depuis son enfance jusqu'à sa mort, on est saisi d'admiration pour un tel caractère. Comme le moine, il se condamne au célibat. Non pas qu'il veuille échapper aux devoirs sacrés de la famille chrétienne, mais afin de conserver la liberté de son âme et consacrer au devoir ses facultés et son temps. Cette existence peut paraître à quelques lecteurs tellement grave, rigide et sérieuse, qu'ils la supposeront volontiers voisine de la tristesse. Il n'en était rien cependant. S'il riait rarement, Drouot connaissait le bon sourire des âmes en paix. Il n'estimait l'esprit qu'à sa juste valeur et dédaignait les joies du monde.

Cela devait être. Il avait ignoré les jeux bruyants de l'enfance et connu le travail au sortir du berceau. Ses veilles laborieuses formaient sa raison à l'âge où d'autres ne connaissent que le plaisir. Né dans une modeste condition, il en avait accepté les devoirs. S'il en sortait par l'instruction, l'enfant voulait se créer d'autres devoirs et non conquérir des droits. Sa mère est pieuse et lui parle de Dieu; son père est laborieux et lui montre le travail honorable, quel qu'il soit. Les premières leçons du foyer domestique, leçons de tous les instants, mais simples et naïves, ne sont point troublées par les tendresses maternelles ; car si l'on est bon dans ce logis modeste, les démonstrations n'ont pas le temps de se produire. La mère et le père s'occupent chacun de son devoir, et les enfants obéissent en silence, sans crainte, mais respectueusement.

Ce début dans la vie ne pouvait pas produire un poëte inspiré, mais un prêtre ou un soldat, c'est-à-dire un cœur solide, une tête forte, une intelligence droite, une raison pure.

Ces familles plébéiennes, qui ne connaissaient que Dieu et le travail, ont presque toutes disparu. On ne se groupe plus autour d'un foyer après le rude labeur du père et de la mère, pour écouter une bonne lecture ; on oublie que les pauvres gens sont les meilleurs amis de Dieu. Alors l'enfant s'échappe, comme l'oiseau abandonne son nid. Ses ailes sont souvent trop faibles pour le soutenir, et il tombe de branche en branche.

Drouot eut le bonheur d'être fort avant de quitter ce nid où l'amour maternel avait réchauffé son âme.

Les tumultes de l'armée ne lui causèrent aucune surprise. Il porta dignement, au milieu de compagnons patriciens, un nom encore obscur et la pauvreté, qu'il rendit honorable.

Sa carrière ne fut point parcourue à pas de géant. Le temps n'était plus aux fortunes improvisées, et les places se trouvaient prises. Il marcha donc lentement, passant d'un grade à l'autre lorsque son heure était venue. L'oubli se fit pour lui, et des fonctions au-dessous de son mérite devinrent son partage. Il n'intriguait jamais et ne se plaignait pas. Son talent consistait à prêter des charmes au travail le plus aride. Il se souvenait alors du four où son père travaillait bravement la nuit, pendant le sommeil des autres.

C'est qu'il n'est pas ici-bas de petite leçon. Toute la vie de Drouot s'unit à son enfance par des liens invisibles.

Il est aussi brave que laborieux ; mais sa bravoure n'a rien de théâtral et de bruyant. Il ne cherche point les regards, se bornant à l'accomplissement du devoir. Son père aussi était brave en luttant contre la pauvreté pour élever douze enfants.

La jeunesse avait été grave et sérieuse, la vie le fut aussi. Quelque humble que fût l'autorité, elle n'en était pas moins grande et moins respectable. Aussi Drouot se soumit-il à l'autorité durant sa carrière militaire, ne discutant jamais les ordres. Le travail, luttant contre la pauvreté, avait été sa leçon de tous les jours ; il ne l'oublia jamais, et se réfugia dans le travail pour vaincre les défaveurs de la fortune. Par son instruction supérieure, Drouot se fit une superbe place dans le monde ; mais il se considéra, peut-être à tort, comme un étranger, ne voulant ni contracter une alliance qui l'eût fait chef de famille, ni s'appuyer sur son titre de comte pour s'élever dans les rangs de la noblesse. Il serait difficile, pour ne pas dire impossible, de rencontrer un semblable désintéressement, une abnégation aussi complète, un tel dédain de toutes les grandeurs humaines. Le religieux dans sa cellule n'est pas plus détaché des choses terrestres que ce général de division, grand-croix de la Légion d'honneur et pair de France.

Le bâton de maréchal l'attendait, le ministère de la guerre ouvrait ses portes. Et qui sait si l'Institut n'eût pas mis sa gloire à compter dans ses rangs le modeste savant?

Drouot détourna la tête sans orgueil et sans colère. Il laissa passer la fortune avec cette indifférence du chrétien qu'il ne faut pas confondre avec la jalousie mal déguisée des philosophes.

Ses contemporains ne le connurent qu'imparfaitement. Pour fixer les regards du public et attirer l'admiration des foules, il faut être bruyant, se costumer de vêtements étranges et se hisser sur les planches. Drouot demeurait, au contraire, dans l'ombre silencieuse. Comment le public, ému des scènes politiques, préoccupé des succès d'un poète, enivré du parfum des fêtes, eût-il pu distinguer dans les rues désertes un pauvre vieillard qui allait entendre la messe à six heures du matin, au plus fort de l'hiver? De Wagram, de la Moskowa et de Waterloo, il ne restait qu'un vague souvenir. La ville ignorait donc que, dans un faubourg, vivait encore celui qui était sa gloire et son honneur.

Cette obscurité, cet oubli, réjouissaient le cœur de Drouot. Aussi, lorsqu'il vit venir la mort, demanda-t-il que son enterrement fût celui des pauvres, qu'aucun discours ne fût prononcé sur sa tombe, et qu'une croix de bois fût le seul monument élevé à sa mémoire.

Pardonnez, ô mon général, pardonnez à ceux qui ont méconnu vos suprêmes volontés ; ils vous ont enfin connu lorsque Dieu vous rappelait à lui.

Au lieu du convoi des pauvres, vos funérailles étaient semblables à celles des souverains. Le peuple rompait les rangs serrés des soldats ; les villes et les campagnes, les heureux et les malheureux, se précipitaient vers l'église où la prière se faisait entendre : vous ne vouliez pas de discours sur votre tombe, et voilà que le grand orateur chrétien prononce votre oraison funèbre sous les voûtes de la cathédrale ; à la place de la croix de bois que vous demandiez, la patrie reconnaissante, la patrie fière de son fils, vous élève une statue de bronze que saluera la postérité.

L'immortalité vient donc à vous, mon général, à vous qui vouliez l'éviter.

Pourquoi donc écrivons-nous ces pages ? Que peuvent-elles ajouter à votre nom ?

Rien, nous le savons.

Cependant nous prenons une place dans le cortège immense qui vous accompagne.

Nous sommes la sentinelle inconnue, cachée à l'ombre de sa guérite, et qui présente les armes en voyant passer son général.

FIN

24095. — Tours, impr. Mame.